本物の勉強法

The Genuine Royal Road to Learning

弁護士 白川敬裕

ダイヤモンド社

はじめに

小学5年生まで「勉強ゼロ」だった私が、ラ・サール高校→東大→司法試験合格→裁判官→弁護士になった「本物の勉強法」とは？

はじめまして。弁護士の白《しら》川《かわ》敬《たか》裕《ひろ》です。

本書ではこれから、「試験」にも「仕事」にも、一生使える勉強法の王道である「本物の勉強法」について、お話させていただければと思います。

正直に申しますと…、私は「いまも昔も、勉強は得意ではない」というのが本当のところです。ではどうして、小学5年生まで「勉強ゼロ」で「合格可能な学校ナシの判定」だった私が、数々の難関試験を突破できたのでしょうか？

どうして天才たちと競い、肩を並べ、「合格」を勝ち取ることができたのでしょうか？

その答えのひとつが、本書の内容である「本物の勉強法」なのです。

謙遜しているわけではなく、私は本当に「どこにでもいる普通の学生」でした。

「ラ・サール高校」にも「東京大学」にも、「私とは頭の構造が違う」としか思えない天才肌がいて、彼らと比べたら、私の能力（脳力）など、「人並」以下に違いありません。

先ほども申し上げた通り、私は、小学5年生まで、ほとんど勉強をしていませんでした。

忘れもしません。小学4年生のときです。

算数のテストで、「40点」しか取れなかったことがあります。母は「もう少し頑張ろうね」と、やや呆《あき》れた感じでこちらを見ると……、

「ペタリ！」と答案用紙を壁に貼りつけた

のです。

母の励ましだとはわかっていましたが、私は「いくらなんでも、貼り出さなくてもいいじゃないか！」と、腹立たしい気持ちになったことを覚えています。


また、社会の授業では、こんなこともありました。

「この場所は、どちらの方向にありますか？　東西南北で答えなさい」という問題に、私が書いた答えは「北」です。

私は、「東西南北」をうまく覚えることができず「方位って、むずかしいな」と思っていました。でも、
この問題を間違えたのは、なんと、クラスの中で、私ひとり。

あとは、全員が、正解していたのです。

先生が「この問題で、クラスでひとりだけ『北』と書いた人がいます」と言ったとき、名指しこそされないとはいえ、あまりの恥ずかしさに教室を飛び出したい思いで

した。このように、小学校時代の私は、「引っかけ問題」には必ず引っかかるような、どちらかといえば、「ちょっと抜けた子ども」だったと思います。

そんな状況ですから、学校から帰ると、まっさきに近所の公園へ。勉強そっちのけで野球ばかり。学校の「宿題」をやる以外は、「勉強はゼロ」でした。塾に通うことも、予習・復習に励むこともありません。通知表は、「よい」「ふつう」の数が同じくらいある…、そんなレベル。つまり、どこにでもいる「普通の小学生」でした。

小学校時代の私の夢は「路線バスの運転手」になることでした。自転車をバスに見立てて、ひとりで「バスごっこ」をするのが、当時の個人的な「ブーム」でした。自分でルートを考え、停留所を決めて「ブッブ~次は○○公園前です~♪」とつぶやきながら、ひとりで自転車をこぐ…。いわゆるオタクな一面があったと思います。

そんな私ですが、名門と呼ばれる「明治学園中学」↓「ラ・サール高校」↓「東京大学・法学部」に入学し、大学在学中に「司法試験」に合格。

その後、司法修習を経て、24歳というかなり若い年齢で「裁判官」に任官しました。2003年から「弁護士」に転身し、現在は「原・白川法律事務所」の共同経営者をしています。

いわゆる「名門校」を卒業し、「日本一むずかしい試験」といわれる「司法試験（旧司法試験）」にも合格したため、ありがたいことに「白川さんは、頭がいいんですね」とお褒めいただくことがあります。

ですが、**先ほども申し上げたとおり「いまも昔も、勉強は得意ではない」です（笑）**。本当に頭がよかったら、もっとラクに、スマートに合格できたと思います。

私の場合は、東大受験の直前の模試まで「合格A判定」がほとんどもらえず、不合格ラインである「D判定」もありました。「D判定」をもらったことが恥ずかしくて、友だちに、「白川は、何判定だった？」と聞かれたとき……、

「いやぁ、C判定だったよ…」という微妙なウソ（汗）

をついたことがあります（「A判定」や「B判定」と言えなかったのは、うしろめたい気持ちがあったからです）。

それでも、この後、解説する「本物の勉強法」を継続した結果、試験直前になって成績が上昇し、合格をもぎ取ることができたのです。

勉強の成果は「3つの力」のかけ算で決まる

本書では、数々の「難関試験への挑戦」を通して私が見つけた「勉強法の本質」＝「本物の勉強法」についてお伝えしたいと思います。

勉強には、地道な努力が必要です。こういうことを言うとガックリされる方もいらっしゃるかもしれませんが、実は、「手っ取り早く成果を出す必殺技的な勉強法」といったものは、この世に存在しません。

ですが、無理や無駄を省いた「効率的で王道の勉強法」というものは、存在します。
私が難関試験に合格できたのは、「効率的で王道の勉強法」を見つけ、愚直に、地道に、堅実に、実践した結果なのです。
私は、数々の「難関試験」に挑んできた経験から、

「勉強には、『3つの力』が必要である」

と考えています。

【勉強に必要な3つの力】

①【感情】「やる気をコントロールする力」
②【戦略】「計画を立てて継続する力」
③【思考】「自分の頭で深く考える力」

①【感情】「やる気をコントロールする力」

私は頭がいいほうではありませんでしたから、「頭がいい人の何倍も勉強をしなければ、いい成績が取れるわけがない」ことが自分でもわかっていました。

でも、**誰にとっても勉強は面倒だし、努力するのは苦しいし、楽しいものではありません。**だから、ついサボりたくなってしまいます。

どうすれば、「勉強をしよう」という気になれるのか……。

どうしたら勉強が楽しくなるのか……。

私は、「落ちこぼれになりたくないという劣等感（感情）」と、「自分は天才ではないというコンプレックス」をポジティブに利用できたからこそ、人よりも長い時間、集中して机に向かうことができました。

勉強をしていると、思ったような結果が出ずに落ち込んだり、行き詰ったり、伸び悩んだり、集中力が途切れたりしてしまうことが、誰にでもあると思います。もちろん、私にも、たくさんありました。

そんなときでも、うまく「感情」をコントロールできれば、やる気を維持することができます。

第1章では、勉強に対する不安、焦り、引け目、劣等感、やる気の欠如といった、「マイナスの感情」を、うまく利用する方法をお教えします。感情を上手にコントロールできれば、「重圧に負けない強い精神力」を身に付けることができるでしょう。そして何よりも大切なことは「勉強が楽しくなる」ということなのです。

学生時代の私は、授業中に先生に当てられると、いつも間違ってばかりいました。緊張のあまり頭が真っ白に！　先生に「そんな問題も解けないのか！」と怒られるのが怖くて、できるだけ当てられないように、よく、前屈みで、身を小さくしていました。そんな私ですらできたのですから、誰にでも、必ずできるようになるのです！

②【戦略】「計画を立てて継続する力」

やみくもに教科書を読んでも、目的もなく予備校に通っても、試験に合格することはできません。勉強は、「戦略」を立てて、計画的に進めていくべきです。

「試験に合格すること」が目標なのであれば、「自分に与えられた時間（試験までの期間）は、どれだけあるのか」「自分の学力と、合格に必要な学力には、どれだけ差があるのか」を検討する必要があるでしょう。

そうしなければ、「いつまでに、何を、どれくらい勉強すれば合格できるのか」、その道筋がわかりません。

……かくいう私も、はじめから「計画的」に勉強ができたわけではありません。むしろ、逆です。計画性に乏しく、小学校の夏休みの宿題は、8月27日あたりから、慌てて片付ける子どもでした。苦しまぎれにつくった「図工の宿題」は…、

段ボールでつくった「輪っか」と「人間」を、ペタリとテープで留《と》めただけ…？？

…といった、正体不明のお粗末な作品？　でした。いまにして思うと、ずいぶんと無計画な子どもでしたが、だからこそ、「計画」の重要性を理解しています。計画性のない勉強は、時間をムダにするだけです。

そこで私は、**戦略を「長期戦略」・「短期戦略」・「1Day戦略」で考えました**。

「大学受験」を例にすれば、「東京大学に現役で合格する」ためにどれぐらいの勉強量が必要か、計画を立てることが「長期戦略」です。長期戦略を立てると、勉強に対する継続力や集中力を維持しやすくなります。

一方で、「定期テストや模擬試験で自分の実力をチェックするための勉強計画」が「短期戦略」です。

高校時代の私は、定期試験の2週間前に計画表をつくり、「全教科を最低5回以上繰り返して勉強する」ことを心がけていました。

短期戦略を設定すると、基礎を繰り返して勉強できるので、しっかりした記憶をつくることができます。

そして、その「短期戦略」を、1日の中でどのような勉強をするのかという「1Day戦略」に落とし込んでいくのです。

第2章では、「長期戦略」と「短期戦略」と「1Day戦略」を中心に、勉強における「戦略」の立て方について述べていきます。

また、**現代文、英語、数学、日本史、古文、漢文など、各教科ごとの勉強法も解説していきます。**

「いつまでに、何を、どれくらい勉強すればいいのか」を把握しておけば、勉強の習熟度はあきらかに加速するでしょう。時間も、人間の能力も、有限です。だからこそ、無駄にはできません。戦略を立てて、効率的に勉強を進める必要があるのです。

③【思考】「自分の頭で深く考える力」

第3章では、「6つの脳力《のうりょく》」の磨き方を中心に、「自分の頭で深く考える力」についてご紹介します。

まだ自分の中で「本物の勉強法」が確立されていなかったとき、私は「成績の良し悪しは、暗記力で決まる」と考えていました。合否を決めるのは、記憶力だと勘違いしていたのです。

たしかに、暗記は必要です。ですが、暗記した知識を「応用」できなければ、さらに上のレベルの試験や、実際の仕事において、成果を出すことはおぼつかないでしょう。

東大の入試問題も、司法試験の論文問題も、**レベルが上がれば上がるほど、暗記力や記憶力を問う問題よりも、むしろ「思考力」の深さを問うてくるのです。**

かつて東京大学の入試問題（数学）に「円周率が3・05より大きいことを証明せよ」という問題が出題されたことがあります。

この問題は、本質的な「思考の深さ」を求める問題であって、「公式をちゃんと暗記しているか？」を求める問題ではありません。

つまり「自分の頭で深く考える力があるか、ないか」を見極めているのです。

むずかしい試験であればあるほど、「自分の頭で深く考える力」が試されています。

では、どうすれば、「自分の頭で深く考える力」を磨くことができるのでしょうか。

「自分の頭で深く考える力」を磨くには、先ほど申し上げた「6つの脳力《のうりょく》」を高める必要があります。

【6つの脳力《のうりょく》】

①「記憶力」……効率よく「覚える力」

②「要約力」……文章や会話の中から「要点を読み解く力」

③「伝達力」……わかりやすく「伝える力」

④「論理力」……前提やルールと照らし合わせながら、「順序立てて考える力」

⑤「直観力」……自分の「経験から瞬時に判断する力」
⑥「本番力」……自分の力を「100%発揮する力」

自分の頭で深く考えることができるようになると、勉強はもとより、仕事でも大いに役立つでしょう。

勉強でも、仕事でも、人生でも、はじめから唯一の正解などありません。だからこそ「自分の頭で深く考える力」が大切なのです。

✔「本物の勉強法」は、仕事にも活かせる

第1章でお伝えする【感情】「やる気をコントロールする力」
第2章でお伝えする【戦略】「計画を立てて継続する力」
第3章でお伝えする【思考】「自分の頭で深く考える力」

からもわかるとおり、勉強の成果は、この「3つの力のかけ算」↓「①感情×②戦

略×③思考」＝成果、によって決まります。

この「3つの力のかけ算」の数字が大きくなるように、それぞれの力を高めていけば、才能に関係なく、勉強によって大きな成果が得られるのです。

そして、勉強だけでなく、仕事の成果も、「3つの力のかけ算」によって決まります。

仕事も勉強と同じで、「新商品を発表する」「プレゼンテーションで企画を提案する」「いついつまでに、商品を制作する」といった達成すべき目標があります。

目標達成に向けて無駄なく、無理なく仕事を進めていくときにも、

「①感情×②戦略×③思考」＝成果
という公式を応用することができるのです。

そこで、第4章では、「本物の勉強法を仕事に活かすための考え方」をご紹介します。

本書でご紹介する「本物の勉強法」は、奇をてらった勉強法ではありません。根本的で、本質的で、王道で、だからこそ「本物の勉強法」なのです。

でも、だからこそ……、

「誰にでも使える勉強法」

だとも言えますし、将来の「試験」にも「仕事」にも、一生使える勉強法なのです。

結果を出すために必要なのは、才能ではなく、「自分を信じて、愚直に、やり続けること」でしかありません。

「本物の勉強法」は、そんな「自分を信じて、愚直に、やり続ける人」を応援するための勉強法です。

「小さな半歩」こそが、人生を大きく変えるキッカケ

「愚直にやり続ける」と言われると、「そんなに勉強（努力）できないよ！」と思ってしまう人がいるでしょう。しかし、「行動」というものは「ほんの少しの努力（行動）を毎日続けること」で、人生を大きく変える力を持つのです。

「千里《せんり》の行《こう》も足下《そっか》にはじまる」

中国の思想書、『老子《ろうし》』(第64章)に記されている故事《こじ》です。日本では「千里の道も1歩から」のことわざで知られています。

「千里もある遠い道のりも、踏み出した最初の第1歩からはじまる」＝「どんなに大きな仕事も、身近なことからはじめ、少しずつ努力を積み重ねていけば、やがて成功する」

という教えです。

一度に100歩、200歩を飛び越える必要はありません。「たった1歩」でいい。「誰でもできる小さな1歩」の積み重ねが、遠大な目標をたぐり寄せるのです。

「1歩」でさえむずかしいのなら、「半歩」でもかまいません。

足を踏み出すのが怖ければ、足を上げるだけでもいい。勉強への意欲がわかないのなら、「とりあえず、机に座ってみる」だけでも、立派な勉強です。

大きな成果を成し遂げたいなら、効率的で王道の勉強法を、自分にできる「半歩」で、コツコツ、コツコツ、毎日、ひたむきに、愚直に積み重ねていくしかありません。

それ以外で達成できる「大きな成果」など、世の中のどこにもないというのが、いままで生きてきた「実感」です。

ぜひ、この「本物の勉強法」を取り入れていただき、「試験」や「仕事」において、確かな成果を出していただければと思います。

本書が、勉強に悩む多くの人の助力となれば、これ以上の喜びはありません。

弁護士　白川《しらかわ》敬裕《たかひろ》

Contents

序章

私の勉強歴

第1章

勉強に必要な「第1の力」【感情】「やる気をコントロールする力」

第2章

勉強に必要な「第2の力」【戦略】「計画を立てて継続する力」

第3章

【思考】「自分の頭で深く考える力」

勉強に必要な「第3の力」

Contents

●カバーデザイン／重原 隆
●本文デザイン＆DTP／斎藤 充（クロロス）
●編集協力／藤吉 豊（クロロス）
●編集担当／飯沼一洋（ダイヤモンド社）

序章

私の勉強歴

001

【小学時代】

勉強の不安を楽しさに変える「感情のコントロール法」を学ぶ

「悔しさ」は、勉強をはじめる原動力になる

勉強には、「必殺技」も「裏技」もありません。ですが、「効率的で王道の勉強法」というものは存在します。私が小学校〜中学校〜ラ・サール高校〜東京大学、そして、司法試験で身に付けた「効率的で王道の勉強法」＝「本物の勉強法」とは、「はじめに」でも申し上げたとおり、「３つの力のかけ算」で決まります。

【勉強に必要な3つの力】

① 【感情】「やる気をコントロールする力」
② 【戦略】「計画を立てて継続する力」
③ 【思考】「自分の頭で深く考える力」

です。つまり……、

「勉強が楽しくなるように、『感情』をコントロールする」
「明確な目標を持ち、計画どおり達成するための『戦略』を立てる」
「丸暗記だけに終始せずに、自分の頭で深く考える『思考』を身に付ける」

といった方法です。いずれも勉強の基本であり、王道であると思います。私のように、「地頭がよくない人間が、難関試験に合格できた」のは、勉強法の王道を、一歩一歩、進んできたからだと思います。

この【序章】では、私の受験歴や勉強体験（中学受験から司法試験まで）の、実際のエピソードを交えながら、「どうして私が、『本物の勉強法』を見つけることができたのか」「どこにでもいる普通の学生が、どうして難関試験をクリアできたのか」について、お話しします。

※ですので、具体的な「本物の勉強法」をスグにお知りになりたい方は、【序章】を飛ばして、【第1章（75ページ）】から、お読みいただいても大丈夫です。

さて、私のプロフィールに、「大学在学中に司法試験に合格」、「24歳で裁判官」、「弁護士」「経営者」と書かれてあるせいか、「白川先生は、小学生のころから勉強ができたのですか?」と尋ねられることがあります。

たしかに、プロフィールだけを見れば、「子どものころから勉強ができて、エリートで、挫折も苦もなく、難関試験に合格した」ように思えるかもしれません。

でも、実際は違います。勉強ができなかったからこそ、「どうすれば効率よく成績を上げられるのか」を、常に、考えてきたのです。

小学5年生まで、宿題以外「勉強ゼロ」だった私の気持ちが「勉強」に向きはじめたのは、「小学5年生の3学期」からです。

父親に「力試しに、受けてみろ」とすすめられ、私は模擬試験を受けてみることにしました。

試験会場は、地元でも有名な、大手の学習塾です。教室には、試験を受けにきた小学生が、30人くらいはいたでしょうか。私たちが席につくと、試験官はこんなことを聞いてきました。

「この中で、うちの塾に通っている人って、何人いる～？　そうかぁ、たくさんいるなぁ～。みんな～塾って、楽しいよな～！」

私のように、まだ塾に入っていない小学生に向けて、「塾は楽しい。だから通ったほうがいい」と、思わせたかったのでしょう。

当時の私は、塾に通う必要性をまったく感じていませんでした。それどころか、塾に通っている小学生を「宿題をしていれば学校のテストぐらい、普通に回答できるのに、どうして、わざわざ塾に通うのか？」と、疑問に思っていたほどです。

試験会場の私の席の近くには、その塾に通っている生徒がいましたが、問いかけにもうつむいたまま、トカゲのように無表情で、試験官の顔を見ようとしません。私は彼の様子を見て、「あの先生はそう言っているけど、本当は、塾って、楽しくないいんだろうなぁ」と、ちょっと、同情する気持ちになったことを覚えています。

ですが、はじめて臨んだ模擬試験の判定に、私はうろたえることになります。

「合格可能な中学校なし」

私は、とくに中学受験を考えていたわけではありません。「小学校を卒業したら、学区内の友だちと一緒に、公立の中学（北九州市）に通う」ものだとばかり思っていました。ですが、「あなたの学力では、どこの私立にも入れません！」と断言されると、やっぱり悔しいものです。

宿題をやる以外「勉強ゼロ」だった私に、模擬試験の問題が解けるわけがありません。そんなことはわかっているのに、「あなたは勉強ができない人」と決めつけられたようで、悔しい。不本意な事実を、私は、受け止めることができなかったのです。

「自分は、やればできる」と、どこかで過信していた私は、予想外の低成績に、とても、いたたまれない気持ちになりました。

自分が同情したあの少年よりも、ダントツに成績が悪かったのです。試験会場には、偶然にも、同じクラスの女子もいました。その子は、「どこにでもいる、目立たない、フツーの女の子」だったと思います。けれど私は、そのフツーの女の子にも、圧倒的に点数で負けていたのです。

情けない。恥ずかしい。「自分よりも勉強ができない」と思い込んでいた女の子にも負けて、自分でも不思議なほど、「感情」が揺れ動いたことを覚えています。

「この悔しさを乗り越えたい。この悔しさを晴らしたい。そのためには、どうすればいいか？　次の模擬試験でよい点数を取るしかない。だったら、目標を立てよう。そのほうが自分を奮い立たせることができる」

「悔しさ」を原動力に、私は、「中学受験」を目標にすることになったのです。

「解けたときの楽しさ」が勉強へのモチベーションを生む

小学6年に進級した私は、大好きな野球をやめ、「受験勉強」に時間を割くようになります。志望校は、北九州市にある名門、明治学園中学です。当時、明治学園中学の試験科目は、「国語」と「算数」の2教科でした。

宿題しかやったことのない小学6年生で、受験までは、わずか1年弱。2教科だけでも、いっぱいいっぱいです。仮に、試験科目が4教科（国語、算数、理科、社会）だったとしたら、私は受験をあきらめていたでしょう。

家の近所には学習塾がなかったので、「問題集を買ってもらい、独学で解く。わからないところは、父親に教えてもらう」のが、私の勉強法でした（夏期講習・冬期講習のみ、遠方の塾通いをしました）。

一所懸命勉強はしましたが、1学期を終えた時点では、それほど成績は変わらなかったと思います。しかも、学校の通知表には、

「授業中の発言に、たどたどしさが目立つので、もっと自信を持って答えましょう」

と先生のコメントが書かれていました（汗）。

受験勉強中は、「算数ができずに、泣きじゃくった」こともありますが（笑）、だからといって、受験をあきらめようとは思いませんでした。受験をあきらめてしまえば、

「勉強ができない悔しさを晴らすこと」
「問題が解けたときの楽しさ」
「できなかったことが、できるようになったときの喜び」
まで、手放すことになるからです。

「悔しさを原動力に勉強する→解けなかった問題が解けるようになる→模擬試験の点数が上がる→嬉しいし楽しい→自信がつく→やる気が出る→勉強する→……」

感情（悔しさ）を原動力にしながら、覚えるまで勉強を繰り返す。はじめは解けない問題も、解けるようになるまで繰り返す……。

すると、悔しさや不安が自信に変わり、自信が「勉強への楽しみ」に変わりました。
その結果、私の努力は報われることになります。

小学校では、「勉強ができる生徒」か「スポーツが得意な生徒」か「おもしろいことが言える生徒」のどれかに人気が集まります。私は、スポーツが苦手でしたし、おもしろいことも言えません。だとすれば、「勉強」しか残されていなかったのです。

そして、徐々に成績が上がりはじめ、テストでいい点数を取るうちに、みんなから「白川クンは、勉強ができるよね」と認められるようになりました。やがて、先生の私を見る目も、変わりました。クラスの班長にも、選ばれました。

あるとき、算数の授業中に、むずかしめの問題を「みんなで解いてみよう！」ということになり、先生よりも早く問題を解いたことがあります。すると、先生が、**「白川クンは、先生よりも早く、解答することができました！」**とクラスのみんなの前で言ってくれて、ものすごく誇らしい気持ちになりました。

そうして、1988年2月、名門の明治学園中学校への入学が決まったのです。

私は、中学受験を通して、「感情をコントロールすること」の大切さを学びました。感情をコントロールできれば、やる気をコントロールすることができ、勉強に対する不安を「楽しさに変えること」ができることに気がついたのです。

002

【中学時代】

学年1位を獲得した「ベーシック繰り返し勉強法」

✓「5回以上繰り返す」と、驚くほど忘れにくくなる

小学6年生のときは、受験対策として、毎月、明治学園中学対策の「模擬試験」を受けていました。成績は郵送で届けられ、成績優秀者に限り、名前と点数が発表されます（残念ながら、私は、一度も載ったことがありませんでしたが…）。

「成績通知」に名を連ねる生徒の名前は、覚えているものです。明治学園中学に入学すると、クラスの中には、当時受けた模擬試験の「成績優秀者たち」がたくさんいました。Mクン、Tクン、Kクン……。

私は、クラスの顔ぶれを見たときに、

「すごい！　成績表でしか見たことがない、芸能人みたいな人たちがいる！」

という感覚に陥ったことを強烈に覚えています。それほど彼らは有名で、それほど彼らの成績は「別次元」でした。

「成績表の上だけでしか出会うことのない特別な存在」だと思っていた彼らが、自分の目の前にいます。これからは、芸能人レベルの彼らと競わなければなりません。

私は、激しく焦りました。小学校のときに築き上げた「自分は、クラスのみんなより勉強ができるんだ！」という自信が、ガラガラと崩れていきました。

「合格発表」直後はあれほど浮かれていたのに、入学したとたん、大きな不安がやってきました。

「受かるには受かったけど、**僕の学力は彼らにはとうてい及ばない**。まわりはみんな、すごい人たちばかりだ。しっかり勉強しないと、彼らには、とてもついていけない」

入学直後は、多くの生徒が羽を伸ばします。入試から解放されたばかりですから、ガツガツ勉強する生徒は、まず、いません。

けれど、私だけは違いました。「何もしなければ、落ちこぼれてしまう」との不安感から、気を緩めることができません。羽を休めることなく、中学1年の1学期から、

「教科書と問題集の予習・復習」を繰り返しました。

勉強が好きだったわけでも、いい成績が取りたかったわけでもありません。ただ、ただ、「不安」に駆り立てられただけでした。

「落ちこぼれたくない」の一心で、教科書と問題集をひたすら繰り返しました。1度、2度、3度、4度、5度……と、何度も繰り返して覚えました。「女子に負けた」ことが悔しくて中学受験を決めたように、このときも、「不安の感情に促されて行動した」といえるでしょう。

すると……、思いがけない結果が届きます。

担任から渡された成績表には、「1」の文字が記入されています……??

一瞬、この「1」という数字が、何のことをあらわしているのか、よくわかりませんでした。しばらく、頭が真っ白になり、正直、自分の目を疑ったほどです。

つまり、1学期の中間テストで、「学年（男子）で1位」を取ることができたのです！

想像すらしていませんでしたから、その場で一瞬固まり（笑）、その後、何度も目をパチパチさせて、成績表を見返しました。気がつくと、芸能人レベルの成績を取る例のMクンが私のそばに、スッと立っていて、

「キミは1番でしたね…」

と声をかけてくれました。表情は穏やかでしたが、悔しさをにじませたMクンの表情は、いまも深く印象に残っています。

私は、「うん」としか答えられず、でも心の中では、「あのMくんに勝ったんだ！」と、ものすごく大きな自信を得ることができたのです。

もちろん、「中1の1学期中間テスト」ですから、それほど難解な問題が出たわけではありません。小学校時代の「模擬試験の成績優秀者」たちが、まだ本気を出して

いないのも明らかです。

それでも、「学年1位」は、とても、とてもうれしく、自信になりました。「何度も、何度も、繰り返して、予習・復習をする」と、地頭の劣る私でも、名門中学校で「学年1位」を取れることがわかったからです。

1学期の当時は、「テストの直前に、教科書をちょっと読むだけ」の生徒がほとんどでしたから、

①予習　②授業　③復習　④試験前　⑤試験直前

と、「最低でも5回以上」は教科書と問題集を開いていた私が勝ったのでしょう。

遠回りのように思えても、中学校のレベルでは「何度もコツコツ繰り返すことが、もっとも堅実な勉強法」だったのです。

「毎日3時間」の繰り返し学習で、名門「ラ・サール高校」に合格

学年1位になっても、不安や焦りは、頭から離れません。「気を抜いたら、すぐに

置いていかれる」ことが怖くて、勉強がやめられません。

部活には入らず、中1の2学期も、3学期も、2年生になってからも、「学校から帰ったら、3時間の勉強」が、毎日の日課でした（基本的に日曜日はオフです。友だちと遊んだり、テレビを見たりして過ごしました）。

また、中学受験の成功体験から、「目標が決まっているほうが、手を抜かない」ことがはっきりしていたので、中1のときから、「ラ・サール高校合格」を目標にして、勉強への意欲を落とさないようにしたのです（※明治学園中学は、現在、明治学園中学高等学校として、「中高一貫教育」を行っていますが、私が在籍していた当時は、男子部に高等学校はありませんでした）。

当時の私の学力からすると、ラ・サール高校は「超難関」ですが、結果は合格。私が「合格できた」のは、中学受験と同じように、「感情（不安）を原動力として、目標を設定しつつ、何度も、何度も、繰り返して勉強をした」からです。

塾に通ったわけでも、家庭教師を頼んだわけでも、特別な勉強法を使ったわけでもありません。市販の問題集を「感情（不安）を原動力として、目標を設定しつつ、何度も、何度も、繰り返し解く」のが、小学生のときから変わらない私の勉強法でした。

ただ、中学受験に比べて、「ラ・サール受験」のときのほうが、「繰り返しの回数を多くすること」を意識していました。

教科書の予習・復習と問題集を解くことを「最低でも5回以上」繰り返したからこそ、覚えた内容を記憶に定着できたのです。「ベーシック繰り返し勉強法」は、このときの経験から導き出された勉強法なのです。

つまり、**高校受験までは、この「ベーシック繰り返し勉強法」で、超難関校のレベルでも、対応できるということ**なのです。

003

【高校時代】

学年36位から4位にジャンプアップした「戦略的勉強法」とは？

✔ただ繰り返すだけでは成績は「36位」。天才たちとの差

高校時代は、私の人生の中でも、かなり「必死に勉強した3年間」です。精神的にもずいぶん追いつめられていたのか、いまでも、当時の夢を見ることがあります。

「試験前なのに、夢の中の私は、まったく勉強をしていません。試験当日。答案用紙は白紙のまま。1問も解けない。『やばい！　やばい！』と焦りがピークに差しかかったとき……」

ハッと目が覚めるのです。

明治学園中学を目指した小学時代よりも……、ラ・サール高校を目指した中学時代よりも……、高校時代の私は、不安感に煽《あお》られていました。**クラスの全員が「天才」に見えた**のです。

私は、明治学園中学1年の1学期に、1位を取ることができました。けれどその後、天才Mクンが本領を発揮すると、あとは、ひたすら、引き離されるばかりです。中学3年になると、それこそ、Mクンに「圧倒的な差」をつけられました。さらには、

ラ・サール高校には、Mクンと同等レベルの天才たちが、ごっそり集《つど》っていた！

のです。クラス全員がMクンのように見えて、私は身の縮む思いがしました。

入学後すぐに、「数学I」のテストが控えていました。私はおそらく、「まわりの誰よりも勉強をした！」と思います。ラ・サール高校の天才たちに引き離されるのが怖かったからです。それなのに、結果は思わしくありません。「100人中36位」。

いまにして思うと、それほど悪い成績ではありません。天下のラ・サール高校で「真ん中より上」にはいるわけですから。

でも、「まわりの誰よりも勉強をした」という手応えがあっただけに、「36位」とい

う順位は、自分にとって予想外。ショッキングな結果に思えたのです。

「ベーシック繰り返し勉強法」だけで対抗するには、限界にきてしまったのです。

✔他の人がやっていない勉強法を取り入れる

私は、ラ・サール高校の学生寮に入寮していました。寮では、「20時（夜8時）から24時までは、部屋で勉強をする時間」と決められています。

とはいえ、監視されているわけではありませんから、部屋にさえいれば、漫画を読んでいても、寝てしまっても、誰にもとがめられません。

私は、「学校の勉強についていけるか、心配」でしたので、夜の4時間のすべてを「その日の復習と、次の日の予習」に当てていました。このときは「東京大学・合格」を意識していたわけではありません。さすがに、そこまでの心の余裕はなく、日々の勉強に追われていただけでした。

ラ・サール高校は「毎年、数多くの東大合格者を輩出している」といわれていますが、それでも、学年（文系）で「10位以内」に入る学力がなければ、東大・現役合格のA判定はむずかしいでしょう。当時36位の私にとって、東大は遠すぎる目標でした。

クラスには、「天才的な人」がたくさんいました。私とは頭の構造が違うのでしょうか……、勉強をしているようにはまったく見えないのに高得点を取ったり、教科書を一度開いただけで覚えてしまう人がいたり……。

一方で私は、覚えが悪いほうです。一度では覚えられませんから、「回数を重ねる」「何回も繰り返す」しかありません。

授業中の小テストや抜き打ちテストでは「いい点数が取れなくてもいい」ので、「定期テスト（中間テスト、期末テスト）」までに、「他の人がやらない時間も使って、何度も繰り返して、しっかり覚えよう」と考えていました。

戦略的な「計画表」で、常に学年10位以内をキープ

しかし、「他の人がやらない時間も使って、何度も繰り返し、記憶に定着させる」という勉強法だけでは、「ラ・サールで常に好順位をキープする」のはむずかしいことがわかり、私は、時間を戦略的に使うために、テスト前に「計画表」をつくるようになります（※この【戦略】「計画を立てて継続する力」は第2章に詳述）。

計画表にしたがって、定期テストの2週間前から、定期テスト当日の朝にかけて、教科書と問題集を使って「最低5回以上」は同じところを勉強して、確実に覚えます（実際は5回以上、繰り返していました）。

そして、テスト前でなくても、20〜24時までの夜の時間を、すべて勉強に費やし「他の人がやっていない時間も勉強をする」ことを続けました。

すると、高校1年の1学期中間テストでは、学年100人中「4位」にまでジャンプアップしたのです。この結果に私は、

「目標を持って計画をつくり、他の人がやらない時間も勉強をし、何度も繰り返していれば、時間はかかったとしても、天才たちと対等にわたり合える」

ことを発見したのです。

そして、「計画表」をつくるようになって以降、成績のアップダウンがなくなり、成績がものすごく安定するようになりました。

その後は、この「計画表」のおかげで順位を大きく落とすことはなく、高2を終える時点で、私の順位は、常に「学年（文系）で10位以内」をキープできるようになったのです。

「学年10位以内なら、現役で東大合格が狙えるかもしれない！」

高校3年になると、「目標」の志望校を「東京大学文科Ⅰ類（文Ⅰ）」に定め、現役

合格を目指します。

文Ⅰ（法学部）を選んだのは、「東大に合格したら、在学中に司法試験を受けよう」と、このときから「目標」を設定していたからです。

東大を狙っている同級生の中には、早稲田大学や慶應大学との「併願」を考える同級生もいましたが、私の場合は、東大、一本です。「滑り止め」は考えていません。自信があったからではなくて、東大と、早稲田&慶應では、「問題の出題傾向」が大きく違ったからです。

私は、勉強について「器用」ではないので、東大の対策だけで精一杯でした。それに、計画表をつくったとしても「ベーシック繰り返し勉強法」は、やはり時間がかかります。とても、併願校の勉強にまで手が回りません。

もし、現役で合格できなければ、東大に合格するまで、何年でも「浪人」する覚悟でもありました。

004

【高校時代】

「感情」「戦略」「思考」の3つの力で、勉強が苦手でも東大に合格

他の人がやらない勉強で「差」をつける

結果的に、私は、現役で東大に合格することができました。

「自分は決して、天才ではない」ことが、まわりの天才たちを見てわかっていましたから、「戦略」を立てなければ勝てません。**「他の人がやらないこと」を「長期戦略を立て」て、「繰り返しの回数」にこだわり、数学などの難解な問題について「自分の頭で深く考える力」をつけたこと**が、私の勝因でした。

とくに、数学。当時、数学は配点がいちばん低かったのですが（国語120点、数学80点）、文系の場合、「数学が苦手な受験生」がほとんどなので、「数学ができれば、差をつける」ことができます。国語や社会は、文系の受験生なら誰もが勉強をするため、あまり「他の人との差」がつきにくいのです。

当時、東大文Ⅰの受験生の中で、「数学」にこだわる学生は、かなりめずらしかったと思います（幸い、ラ・サール高校は、数学に力を入れていました）。「数学は20～30点取れれば御の字」と考える受験生が多い中で、私は、「最低でも50～60点は取る」ための、他の人がやっていない「戦略」を立てました。

早い時期から計画を立てて「過去問」の分析に取り組み、何度も、何度も、何度も、繰り返し問題を解いたのです。「自分以上に、数学を勉強している（文系の）受験生はいない」と自信が持てるくらい、やり切ったと思います。

また、東大の場合、他の大学では出題されないような「自分の頭で深く考える力」を試される数学の問題も出題されるので、「考える力」も求められます。

本試験では、私にとって「ありがたい問題」が出題されました。むずかしすぎず、簡単すぎない「そこそこむずかしい問題」です。

むずかしすぎると、どんなに数学が得意な人でも、誰も解けません。逆に、簡単すぎると、不得意な人まで解けてしまうので「差」がつきません。「そこそこむずかしい問題」であれば、「しっかり勉強をしてきた人だけ」が正解できます。

私が現役合格できたのは、「数学の点数がよかったから」と言っても過言ではないでしょう。

私が最初から、「差」をつけるために、他の受験生がやらない「数学は最低でも50～60点は取ろう」という戦略を立てたことが、功を奏したのだと思います。

中学受験、高校受験とは違って、大学受験ともなると、ただ「繰り返す」だけでは、効率的ではありません。

やはり、レベルが上がれば上がるほど、ただ、やみくもに勉強時間を重ねるだけでは、合格はむずかしいと思います。

合格するには、「いつまでに、何をしたらいいのか」を綿密に考えるべきです。私は、**東大受験を通して、「ベーシック繰り返し勉強法」にプラスして、「自分の頭で深く考える力」で、「他の人がやらない戦略を立てて、計画的に勉強すること」が難関試験突破の鍵**であることを学んだのです。

005

【大学時代】

司法試験1年目は不合格。「自惚《うぬぼ》れ」は、いつか足をすくう

東大入学と同時に「司法試験予備校」へ→しかし不合格

子どものころ、裁判所で仕事をしている親戚から、「裁判官や弁護士を間近に見ているけれど、敬裕《たかひろ》も、司法の仕事は向いているかもしれないね」と言われたことを、よく覚えています。

私が法学部に入学したのも、大学在学中に司法試験を受けようと思ったのも、その親戚の言葉が、心に深く残っていたからです。東大の合格発表の当日に、さっそく、司法試験予備校の説明会に参加していたのは、私だけかもしれません（笑）。

説明会が行われたのは、東大の近くにある喫茶店です。予備校の先生のほかに「大学3年で司法試験に受かった！」という学生も同席していました。

そのとき、「先生が言っていたセリフ」が、とても印象に残っています。

「司法試験は日本一むずかしい試験である。日本一むずかしいということは、世界一むずかしい試験でもある！」

そう先生が力説するのを聞いて、「日本一であり、世界一かぁ。だったら、挑戦してやろう！」という気持ちがあふれてきたのです。

おそらく、当時、東大に「現役合格」をした私は、気持ちが大きくなっていたのでしょう。「自分だったら、何だってできるのではないか」という万能感を覚えていたのだと思います（その万能感は、やがて無力感に変わるのですが……）。

東大の法学部には、司法試験を目指す学生がたくさんいます。

でも、大学1年から司法試験の勉強をはじめていたのは、私のクラス（60名）では、私を含めて3人だけでした。

司法試験は「相対評価」なので、他の人を上回る必要があります。そのためには、他の人と違うことをやる…、つまり「抜け駆けして、人よりも早く試験に備える」ことが必要だったのです。

でも、「抜け駆け」をした結果、自分の気持ちを追い込んでしまったこともありました。

みんなが楽しそうに遊んでいるときに、私は、ひたすら、ガリガリ、ガリガリと「司法試験の勉強」をしなければなりませんでした。

あるとき、予備校のある渋谷から下宿へ帰る道すがら、「自分はいま、何をしているのか？」が、よくわからなくなり、足をピタリと止めたことがあります。ライトを発したクルマがたくさん通過する大通りの歩道橋の上で、

「毎日毎日、ガリガリ司法試験の勉強をして、自分はこれで幸せなのか…？」

と自問自答して、やる気を失いかけたことを覚えています。

悩みながら…、当時の私が、それでも勉強をやめなかったのは…、

「本当のところ、自分に自信がなかったから」

で、「自分に自信が持てるようになるのではないか」、そう思ったからなのです。
……です。「自分に自信がない」からこそ、「世界一むずかしい試験」に合格することで、「自分に自信が持てるようになるのではないか」、そう思ったからなのです。

大学1、2年時は、「司法試験予備校のカリキュラム」を中心に勉強を進め、大学3年へ進級すると、すぐに「受験モード」に入りました。

司法試験は、「択一《たくいつ》試験」と「論文試験」(2011年までの試験制度は、旧司法試験と呼ばれています)に分かれていました。

当時、受験者数は、約2万人。まずは択一試験(5月)で上位4000人程度に絞り込まれ、その後の論文試験(7月)を突破できるのは、上位700人程度という狭き門でした。

5月の択一試験に向け、「毎日8時間~10時間」の勉強が日課です。そのかいあって、択一試験は無事に合格。気をよくした私は、「1カ月以上も待ってられないなぁ。いまやれば絶対に受かるだろうから、早く論文試験をやってくれないかな~」と浮かれていました。ところが……、7月の論文試験で、まさかの「不合格」……。

実は、冷静に考えてみれば、当たり前なのです。というのは…、**論文試験の模擬試験では、一度も「合格判定」が出ていなかった（汗）**わけなのですから。でも、「一度も大失敗していない」というのは本当に怖いものです。「択一試験」に合格したことでいい気になり、本気で自分を見失っていました。**そして、私は、人生ではじめて、大切な試験で「不合格」を経験したのです。**

✔「自惚《うぬぼ》れ」を捨てなければ、いつか足をすくわれる

私は、ここまで、不安や劣等感を推進力にして繰り返し勉強し、戦略を立て、他人と違うことをして、明治学園中学校↓ラ・サール高校↓東京大学に合格しました。決して楽勝だったわけではなく、いつも「辛勝」です。それでもなんとか、ギリギリセーフで「自分の目標」をかなえてきました。私は、一度も「落ちた」ことがなかったのです。

合格発表で「自分の番号がなかった」という事実は、私を打ちのめしました。あまりのショックに感情を抑えることができず、「日比谷公園を泣きながら歩いた」ほど、です（笑）。

しかも私は、当時、つき合っていた彼女と一緒に合格発表を見に行っていました。「彼女にいいところを見せたい」「『きゃあ〜、すごい！』と言ってもらいたい」というよこしまな考えがあって（笑）、「一緒に、合格発表を見に行こう」と誘っていたのです。まさしく、最悪なシチュエーションです。

彼女も、さめざめと泣く私に、なんと言って慰めたらいいのか、わからない様子でした。

気まずさを残したまま公園内を歩いていると、私たち以外にも、うなだれるカップルの姿が…。ベンチに座って、ぼんやりと空を見上げる彼氏と、困った表情の彼女…。

私は、その男性が誰だか、すぐに気がつきました。私と同じく、ラ・サール高校から東大に現役合格を果たした友人、「坂田クン」です。

坂田クンも司法試験を受けており、そしてあえなく、論文試験で不合格になっていたのです。

坂田クンは、ラ・サール高校きっての「天才」で、高校時代の成績は、「ダントツの1位」。そんな彼でも、司法試験の論文試験は大きな壁だったようです。

後日、私は坂田クンから、こんなことを言われます。

「僕も、白川も、自惚《うぬぼ》れていたんだよ。『彼女と一緒に合格発表を見に行く』なんて、その最たるものだ。その自惚れた姿勢を戒めようとして、神さまは僕たちを落としたんだよ。**自惚れを捨てなければ、いつか必ず、足をすくわれる**。必死さが足りなかった。真剣さが欠如していた。これからは自惚れを捨てて、本気になろう」

私と坂田クンは、「はじめての屈辱感」を真正面から受け止め、反省し、それ以降、2人で協力し合って、司法試験に臨むことになったのです。

006

【大学時代】

「自分の頭で考える勉強法」にシフトし、東大在学中に司法試験に合格！

他の人がやらない勉強をしなければ「差」はつかない

当時、司法試験の不合格者には、成績評価（成績表）が通知されました。成績はA～Gにランク分けされていて（Aランクは、「あと一歩」で合格）、私は「総合Eランク」でした。

科目別（6科目）で見ても、いちばん成績がよかった科目がCランク。Gランクが2科目あって、順位はたしか「2500位くらい」だったと覚えています。

論文試験に合格できるのは毎年700人程度ですから、ボーダーラインどころか、「余裕で落ちた」わけです（笑）。

このまま、今年と同じ勉強を続けていては、「来年もまた、落ちてしまう」ことは明らかです。そう思った私は、

「翌年の本試験の日に、『やるべきことはすべてやった』と胸をはれるようにしよう」

「司法試験は相対評価なので、他の受験生がやらない勉強を、必死にやろう」

と決意をします。

✔「暗記できる人」から「自分の頭で深く考える人」になる

東大受験のときと同じで、レベルが上がれば上がるほど、「戦略」や「自分の頭で深く考える力」が必要です。もちろん、何度も繰り返す勉強法は有効ですが、「何も考えず、ただやみくもに繰り返すだけ」では、「考える力を問う試験」では合格は望めません。

また、他の人と同じ勉強をしていたのでは逆転合格はむずかしい。逆転合格をするには、他の人と「差」をつけるために「勉強のやり方」自体を見直す必要がありました。

私は、「司法試験予備校に通い、予備校の講師の指導を受け、予備校のテキストを使えば、合格できる」と鵜呑みにし、大学1年のときから、司法試験に関しては「暗記中心の勉強」を続けていました。「すべて暗記して、覚えたものの中から、答えを組み合わせて、吐き出す」といった「物量作戦」に頼っていたのです。

もちろん、暗記は必要です。予備校での学習も大切です。

けれど**私の場合は、他人がつくったマニュアルを盲信するあまり、「自分で思考する習慣、自分の頭で深く考え抜く力」が、まだまだ、足りていませんでした。**

論文試験は、応用力と思考力が求められます。「どのような思考過程を経て、結論に至ったか？」が問われるため、「自分で深く考える力」が必要不可欠だったのです。

予備校がまとめた「試験に出そうなポイント」を読んだだけでは、思考力・応用力は養われません。

「応用力に最も大切なのは基礎力である」と考えた私は、大学の図書館に通い詰め、あまり読んだことのなかった「基本書（法学者が執筆した教科書）」を、じっくり時間をかけて精読しました。
基本書の内容が、直接、試験に出るわけではありません。それでも、法律が制定された経緯や背景がわかるにつれて、私の「自分の頭で深く考える力」は、少しずつ向上していったのです。

予備校のテキストでは、「試験に出そうなポイント」だけがピックアップされてあります。ですが基本書なら、試験に出る、出ないにかかわらず、「法律の基礎・全体」を俯瞰《ふかん》できます。

「なぜ、この法律ができたのか」「どうして、このような法律になったのか」を「自分の頭で深く考え」ながら、全体の背景と論理的な筋道を、なぞることができるのです。

難関の試験や仕事で問われるのは「思考力」

それからというもの、予備校の司法試験の模擬試験が終わると、「坂田クン」と喫茶店で待ち合わせます。「問題を1問ずつ検証する」ためです。

坂田クンは、私と違って、やはり天才です。自惚《うぬぼ》れを捨てて、本気を出せば、やはり強い。模擬試験では「余裕で1位」でした。

私が論文を作成するときは、「どのような流れで結論に導けばいいか」を一度「紙に書き出して」から、整理していました。「1番目にこれを書いて、2番目にこれを書いて、3番目にはこれを書いて……」と、「本の目次（あらすじ）」のようなものをつくって、「論文の構成」を考えてみてから、文章を書き出すのです。

けれど坂田クンは、「いちいち書き出さなくたって、問題を見た瞬間、頭の中に道筋が浮かぶ」といいます。

私と坂田クンの「答えが同じ」でも、「彼が答えにたどり着くまでの論理的な道筋」には、いつも驚かされました。彼は、法律や判例について、多角的に言及することができたのです。

彼の「論理的で多角的な、深い思考のプロセス」に触れたことで、私も「さらにも

う一歩、深く考える」ことができるようになったと思います。

当時、大手の予備校が3校ありました。私と、坂田クンと、もうひとりの友人の3人で分担して模擬試験を受け、各校の問題について情報を交換します。するとその年のすべての予想問題を網羅できます（実際の本試験では、論文「計12問」のうち、なんと「10問」も的中しました）。

司法試験の本番直前に私の成績がグンッと伸びたのは、「同じ目標を持つ仲間」と連携し、論理的に「自分の頭で深く考える習慣」を付け、滞りなく準備を進めたことが要因です。

もしも私が、大学3年時に「たまたま合格」していたなら、「自分の頭で深く考える習慣」は身に付かなかったでしょう。

合格しても「司法修習（司法試験に合格した後、裁判官や弁護士になるためには、司法修習生として研修を受けなければなりません）」についていけず、おそらく、途中で挫折し、裁判官にも弁護士にもなれなかったと思います。

実際の裁判は、マニュアル通りに進んでいくわけではありません。思考力の鍛えられていない「法曹《ほうそう》（法律を扱う裁判官・検察官・弁護士）」に、正しい判断は下せないでしょう。

そう思うと、**結果的には、「大学3年のときに受からなくてよかった」と、心底、思います**。

大学4年の10月。私と坂田クンは、2人揃って、司法試験の論文試験に合格。大学卒業後、2年間の「司法修習」を経て、ともに「法曹《ほうそう》」としての道を歩むことになります。

一般的に高校受験までは、思考力よりも、記憶力を重視する問題が多いです。「自分の頭で深く考える力」がなかったとしても、「丸暗記」で通用する問題もあります。

ですが、難関の大学受験や、司法試験で問われていたのは、「自分の頭で深く考える力」でした。

学校の勉強は、公式を覚えて、計算さえ間違えなければ、１００人が１００人とも同じ答えを出すことができます。

けれど、勉強の先にある「仕事」は違います。答えは、ひとつではありません。だから、自分の頭で考えなければなりません。

東大の入試や司法試験に挑戦したことで、私は、勉強にも仕事にも求められる「応用力と思考力」という、「本物の力」を身に付けることができたのです。

第1章
勉強に必要な「第1の力」

【感情】「やる気をコントロールする力」

007

「本物の勉強法」3つの力、①【感情】②【戦略】③【思考】

「10年間続けた」からこそ「本物の勉強法」にたどり着けた

私が「司法試験」の論文試験に合格したのは、大学4年の10月です。

本当に、本格的に司法試験対策に取り組んだのは、大学3年の秋以降。2次試験の論文試験に落ち、泣きながら日比谷公園を歩いたあとから、です。まさに、寝る間も惜しんだ1年間でした。

でも私は、「1年間で合格できた」とは思っていません。また、大学入学時から司法試験を見据えていたからといって、「4年間で合格した」とも思っていません。

私は**「司法試験に受かるまで、10年かかった」と思っています。**

小学5年生まで、宿題以外「勉強はゼロ」です。「机に向かって勉強をしたこと」はありません。「合格可能な中学はない」と、判定された学力です。

私は「悔しさ」から中学受験を決め、その後は、ラ・サール高校、東京大学と、「現状の学力より高い目標」と対峙してきました。その結果として、「『感情』と『戦略』と『思考』の3つが揃っていなければ、難関試験を突破することができない」

ことがわかりました。

つまり、勉強を最大限、効率化するには、

①【感情】「やる気をコントロールする力」
②【戦略】「計画を立てて継続する力」
③【思考】「自分の頭で深く考える力」

の「3つの力」が必要不可欠です。そして、この3つの力こそ「本物の勉強法」の根幹なのです。

小学6年から、10年間の時間をかけて「勉強する習慣」を身に付け、「3つの力」を育てた「その先」に、「司法試験の合格があったと思っています。すなわち、法曹《ほうそう》にふさわしい力を養うために、私には「10年の歳月が必要だった」わけです。

10年という時間は、短くはありません。けれど、「決して長くもない」というのが、私の実感です。

「10年間、毎日少しずつ、コツコツと積み重ねて」いけば、どれほど不器用でも、どれほど現状の学力が乏しくても、必ず成果が出ることがわかっているからです。

では、「3つの力」について、

第1章で、①【感情】「やる気をコントロールする力」

第2章で、②【戦略】「計画を立てて継続する力」

第3章で、③【思考】「自分の頭で深く考える力」

というように、詳しく解説していきましょう。

008

「勉強の2次曲線」を理解する。「伸び悩み」は、成績アップのサイン

✔「伸び悩みの壁」の少し先で、学力は急激に伸びる

目標へ続く道は、必ずしも見通しがよいとはかぎりません。ときには「壁」が立ちはだかることがあります。「伸び悩みの壁」です。

「毎日勉強をしているのに、成績が伸びない」「繰り返し勉強しているのに、テストの結果が出ない」……。

結果が出ないことへの「焦り」や「苛立ち」が難壁《なんぺき》となって、多くの人の「やる気を奪おう」とするのです。

勉強中の人は、ここで自分の中の【感情】である「やる気をコントロールする力」を試されます。

「壁を乗り越えるか」、それとも、「あきらめるか」……。

多くの人が、壁の前で進みあぐねます。「これだけ勉強しても結果が出ないのだから、そもそも自分は勉強ができないんだ」と悲観して、歩みを止めてしまいます。

でも、「壁に当たる（失敗する）というのは伸びている証拠」なのです。「この壁を越えた先に、大きな結果が待っている」としたら、あなたは、それでも歩みを止めるでしょうか？

学力の向上は「直線」ではなく「2次曲線」

「伸び悩みの壁」が立ちはだかったときに心が折れてしまうのは、「勉強の2次曲線（成長の2次曲線）」を理解していないからです。

新しいことに取り組んだとき、その成果は、すぐにはあらわれません。

停滞状態（＝それほど成績が上がらない時期）が続き、ある時期を経てから、急激に上昇するカーブである「勉強の2次曲線（＝2次曲線のように、急に成績がよくなる時期）」を描きます。

「勉強の2次曲線」

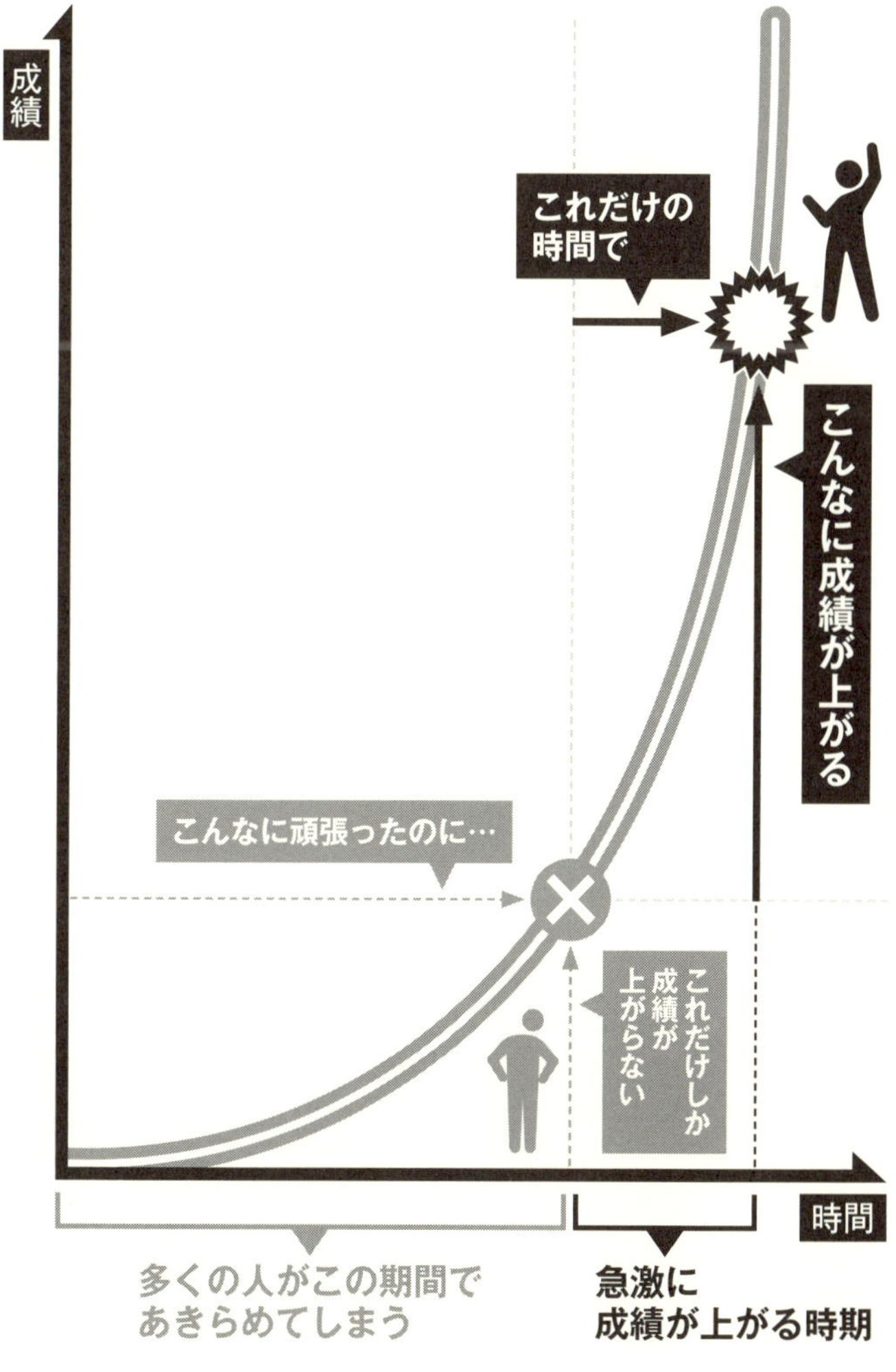

成績
これだけの時間で
こんなに成績が上がる
こんなに頑張ったのに…
これだけしか成績が上がらない
時間
多くの人がこの期間であきらめてしまう
急激に成績が上がる時期

つまり、成績がよくなる前には、ほぼ必ずと言っていいほど、「勉強をしているのに、なかなか結果が出ない時期」があるのです。

この「勉強の2次曲線」を、あらかじめ知っておけば、それほど焦ることもないでしょう。

たとえば、「語学学校」に通う人の中には、「最初の2～3ヵ月は、ほとんど上達を感じない」という人が多いそうです。

「結果は後から、しり上がりに出る」ことを、あらかじめわかっている人は、上達を感じられなくても、勉強を継続することができます。「続けること」の大切さがわかっているからです。

でも、そうでない人は、この時期にあきらめて、やめてしまいます。「いつまでも停滞が続くかもしれない…」「勉強するだけ無駄なのかもしれない…」と思い込んでしまうからです。

「結果が出ない2～3ヵ月」をどのように理解しているかで、その後の結果が大きく変わります。「自分には地力がない」と考えるのか、「結果は後からしり上がりに出るから大丈夫」と考えるのか。

勉強をしているのに「結果が出ない」としたら、最大の原因は「勉強法」が間違っているわけでも、「能力が足りない」からでもありません。

「結果が出る前に、あきらめてしまっている」からです。

1ヵ月勉強しても結果が出なければ、2ヵ月勉強してみる。

2ヵ月勉強しても結果が出なければ、3ヵ月勉強してみる。

3ヵ月勉強しても結果が出なければ、4ヵ月勉強してみる。

4ヵ月勉強しても結果が出ないので………もう勉強をやめてしまう。

でも……、**あと1ヵ月だけ頑張れば……、来月になれば……、もしくは来年になれば……、急激に成績が伸びたかもしれません。**

そのことがわかっていれば、もう1日、もう1ヵ月、頑張れたと思います。「伸び悩みの壁」を乗り越えることができたはずなのです。

✓「結果をすぐに求めない」ほうが、大きな成果が出る

高校時代の私は、最初から成績がよかったわけではありません。

模擬試験の判定は、ずっと、B判定、C判定、D判定を行ったり来たり。「A判定（合格確実）」をもらったことは、わずか、1〜2度だったと思います。

それでも東大受験をあきらめなかったのは、「中学受験」の経験があったからです。私が明治学園中学に合格できたのは、あきらめずに、小さな一歩を踏み出し続けた結果、少しずつ力をつけることができたからです。

そうして、「受験直前」になって、ようやく、合格に必要な学力が身に付いたという経験が、東大受験をあきらめないことにつながりました。

周りの人々にも、助けられました。高3になると、「定期テスト」の結果まで、ふるわなくなったことがあります。それまでは、常に10番以内（東大・現役合格圏内）

をキープしていたのに、順位が下がってしまったのです。

「やっぱり、最後は、地頭のいいヤツには、かなわないのかな…」と自信をなくしかけたとき、担任の先生から「白川クン、順位が落ちたといっても、十分にいい成績だよ」と慰められたことで、がんばり続ける気力がわいてきました。


司法試験の勉強に嫌気がささなかったのも、「結果をすぐに求めなかったから」です。

本試験前に「急激に模擬試験の結果がよくなった」のは、それ以前の「結果が出ない時期」をあらかじめ予想し、くじけずにやり続け、勉強方法を改良しながら、乗り越えてきたからです。

「もうダメかもしれない」と思ったら、上昇カーブはすぐそこ。**もう一歩先、もう半歩先に、「大きな結果が待っている」と、あせる感情をコントロールできていたからなのです。**


たとえば「民法」。民法には4冊の教科書（基本書）があり、私はこの4冊の内容をそれぞれ「5回以上」繰り返して勉強をしました。

教科書を通読するだけでなく、問題を解いたり、試験を受けたりしているうちに、やがて、部分的に「記憶が濃く」なります。

そして、濃い部分が広がったり、濃い部分同士がつながったりして、「全体がすべて濃く」なったときに、「民法の全体像」がはっきり理解できるようになって、「急激に成績がアップする時期」がやってきたのです。

当時、司法試験の論文問題は、「6科目」あって、1科目2問、「各40点満点」でした。「25点以上」が合格答案といわれていましたが、模擬試験を受けても、「6科目(12問)すべての問題で25点以上を取る」ことはできませんでした。

25点以上の点数を揃えることができたのは、本番の2カ月前になってからです。それまではいくら勉強しても25点未満しか取れなかったのに、本番の直前になって、急に点数が上がったのです。

「冬」の次には「春」が来ることを信じて続けよう

「冬」が終われば、必ず「春」が訪れます。「先が見えない」と感じても、その時期にしっかりと養分を蓄えれば、やがて「収穫の時期」となります。

大切なのは、「やり続けている自分を信じる」ことで、その感情（不安）をコントロールして、逆に、やる気のエネルギーに変えることなのです。「伸び悩んでいても、あきらめなければ必ずできるようになる」という現象があることを信じることとです。

もしも「なかなか成績が伸びない」と感じたら、それは「成績アップの直前まで来ている」ということであり、「急激に伸びはじめる前」のサインなのです。

さぁ、**「勉強の2次曲線」を信じて、自分を信じて、あと一歩、あと半歩、やり続けてみてください。**

009

「3日坊主勉強法」で、「サボって→再開」を積み重ねる

サボった自分を責めたため、ウツ状態に

高校時代の2年間（1年生・2年生）は、ラ・サール高校の学生寮に入寮していました。寮では、「20時（夜8時）～24時までは、部屋で勉強をする時間」と決められていました。当時は、テレビの持ち込みも禁止されていたので、高校生なのに…、

「『テレビ』という物体《ぶったい》を見たことがなかった！」

のです（笑）。ですから、必然的に勉強をする環境に身を置くことができます。少なくとも、その時間は「学生寮の部屋の中」にいなくてはなりませんので、自分を勉強に向かわせやすくなります。

ところが、大学では「必死に毎日、勉強しなければならない」という状況には、なかなかなりません。勉強するのも、しないのも、本人の自由です。

私は、他の学生に比べると、「勉強への意欲はあったほう」だったと思います。それは、入学当初から「司法試験」に合格して、将来は、裁判官か弁護士として働きたいという目標を持っていたからです。

けれど、そんな私でも、大学1年の後期になると、勉強に身が入らなくなりました。ラ・サール高校の「寮」とは違って、テレビは見放題&ゲームはやり放題。

「ドラクエ（ドラゴンクエスト）」に、どっぷりハマって、徹夜でゲームをした（汗）こともあります。

やったことがなかった分、のめり込んでしまったのです。

そのうちに私は、「東京の生活」に、なかなか馴染めなかったことから、心身のバランスを崩し、「ウツ状態」に陥ってしまったのです。

私は、「大学を中退したい…」と考えるようになりました。異変に気付いた母親が、九州から上京。

母のすすめで、私はいったん、実家（福岡県）に戻ります。療養中は、「本当に、なにもしない日々」を過ごしました。

数ヵ月後、家族や友人の支えで、なんとか「やる気（ポジティブな感情）」を取り戻した私は、東京に戻ります。

そして再び「司法試験」に向けた勉強をはじめるわけですが、勉強を再開するにあたって、私はこう考えるようにしました。


「もし、サボりたくなったら、サボる。そのときも自分を責めない」

「1日でも、2日でも、3日でも、勉強が続けば、ひとまずOKとする」


療養前の私は、かなり気負いすぎていました。「毎日、何時間も勉強を続けなければダメだ。そうしないと、現役で司法試験には受からない」と考えるあまり、いつしか、「燃え尽きる寸前」まで、自分を追い込んでいたのです。

そのときの反省から、私は、

「3日坊主を続ければいい」

と思いあらためることにしました。

「何もしないよりは、『3日坊主』のほうが、まだ、はるかにマシ」とポジティブに考え、私は「3日坊主勉強法」を思い立ち、「サボること」に寛容になったのです。

そして、「サボって↓再開、サボって↓再開」のリハビリを繰り返すうちに、やがて「勉強の習慣を取り戻すことができた」のです。

サボりながらも「ゼロ↓1」の積み重ねが大切

当時、司法試験（旧司法試験）に合格するには、「1万時間の勉強が必要」といわれていました。在学中の大学4年間で合格しようと思えば、「1日平均6〜7時間」は勉強しなければなりません。

ですが、「毎日たくさん勉強しないと、絶対に受からない！」と思い込んだり、「1日7時間以上、必ず勉強しないとダメだ！」と、自分にノルマを課してしまうと、心の逃げ道が絶たれてしまいます。上手に感情をコントロールすることが、勉強には大切です。

どんな勉強でもそうですが、まずは、小さな一歩からはじめればいい。勉強をやる気にならなければ「机に座る」だけでも十分です。「図書館を覗いてみる」だけでも十分なのです。

大切なのは、小さくてもいいので「ゼロ→1」にすることなのです。

ときにはサボりながら、「小さな一歩」を積み重ねていく。「サボって→再開」を繰り返していくうちに、自分に合った勉強のサイクルがわかってくるのだと思います。

010

勉強嫌い→勉強好きに変わる「達成イメージトレーニング法」

✔「達成イメージトレーニング法」で勉強好きになる

小学6年から勉強をはじめて以来、私は、少しずつ「勉強が好き」になっていきました。「好きになった理由」は、おもに「3つ」あります。

①「やればやった分だけ、いずれ成績がアップする」
②「成績が上がるとほめてもらえる」
③「自分のイメージに近づくことができる」

①「やればやった分だけ、いずれ成績がアップする」

中学受験のときも、高校受験のときも、大学受験のときも、司法試験のときも、はじめは、とても「合格ライン」におよばない学力でした。

でも「感情をコントロールして、目標を設定し、何度も、何度も、繰り返して勉強」していくうちに、「合格の可能性なし」が「合格の見込みあり」に変わり、最後は「合格」という目標を達成できたのです。

「勉強する↓わからなかったことがわかるようになる↓成績が上がる」を実感できる。

それが、勉強の大きな楽しみのひとつであり、プラスのモチベーションです。

②「成績が上がるとほめてもらえる」

私の場合は、とくに「祖父にほめられる」のが嬉しかったです。「祖父の喜んでいる顔が見たい」「祖父にほめられたい」という承認欲求が、勉強の動機になっていました。このように、「誰か、ほめてもらえる人」をつくると、多くの人は、モチベーションがアップするはずです。

③「自分のイメージに近づくことができる」

模擬試験の結果は「悪くない」のに、「司法試験」の勉強を途中であきらめてしまう人がいます。私の友人も、そのひとりです。

どうしてあきらめてしまうのか。理由を尋ねてみると、

「司法試験に合格できたとしても、裁判官や弁護士として働く自分の姿をイメージで

きない。合格したあとのことまで、考えていなかった」と言うのです。

彼は「イメージできない」ことに気がついてから、「本当に自分がなりたいのは、弁護士なのか？」と疑問を感じ、「実は、そこまで弁護士になりたかったわけではない」ことに気づき、次第にやる気を失ったのだそうです。

一方で私は、この友人とは異なり、法曹界《ほうそうかい》で働く自分の姿が「ありありとイメージできて」いました。

私が「将来の自分」に疑いを持たなかったのは、おそらく、学生の頃から「実際の裁判を傍聴《ぼうちょう》しに、何度も裁判所へ行っていたから」です（「裁判官になりたい」と思いはじめたのは、学生時代です）。

テレビドラマとは違う「実際の裁判」を見たことで、「もし自分がこの場にいたら、どんな感じだろう、カッコいいなぁ」とイメージを膨らませ、その感情を味わうことができたのです。

どんなスーツを着て、どんなネクタイを締め、どんな話し方をしているのか。「司法修習後の自分」「裁判に臨んでいる自分」が頭の中に浮かんできました。

すると、「そんな自分はカッコいい」と思うようになり（笑）、「そうなりたい」と強く願うようになり、「そうなった自分」を想像するとワクワクした感情がわいてきて、「勉強へのモチベーション」がさらに強まったのです。

「1日1分」でもかまいません。「輝いている自分」を思い描き、ワクワクしてみましょう。**1分×1週間＝「7分間のワクワク習慣・計画」が、「自分を突き動かす」のです。**

「夢がかなった姿」や「成功した自分」を思い描く「達成イメージトレーニング法」を習慣にすれば、これまで以上に主体的に行動できるようになるでしょう。

✔勉強が楽しくなれば、自動的に勉強できる

私の場合は、①「やればやった分だけ、いずれ成績がアップする」、②「成績が上がるとほめてもらえる」、③「自分のイメージに近づくことができる」、この「3つ」が「勉強に対する動機付け」となって、「勉強を楽しむ」ことができました。

ともすると「勉強は、すべて苦しいもの」と思いがちです。けれど、勉強には、「楽しい感情がわく面」「嬉しい感情がわく面」が必ずあります。「勉強が楽しいという感情を感じれる人ほど、結果を残せる」と私は思います。

「勉強は、すべて苦しいものだ」と言って、逃げるのは簡単です。

でも、逃げ出す前に一度立ち止まってみて、考え方を変えてみて、「達成イメージトレーニング法」を使い「つまらないと思う勉強の中にも、楽しさを見つけ出そう」としてみませんか？

「自分にとっての楽しさ」が見つかれば、「楽しいことだから続けよう」と思えるはずなのです。

そうすれば、自動的に、能動的に、積極的に、継続的に勉強に取り組むことができるようになるでしょう。

011

「行き詰り克服法」で、「過去の苦労」からパワーをもらう

✔「空海」から学んだ「やり遂げる力」

司法試験の勉強に行き詰りを感じたとき、私は「あるエピソード」に思いを馳《は》せ、自分自身を励ましていました。

私費の留学僧として804年に「唐《とう》」に渡った「弘法大師《こうぼうだいし》・空海《くうかい》」のエピソードです。

「遣唐使《けんとうし》」（630年〜894年）は、日本から唐に派遣された使節です。羅針盤《らしんばん》などがない時代ですから、航海の成功率は低く、「入唐できるのは50％の確率」とも、「船団のうち、1隻は必ず難破する」ともいわれていたようです。

当時、渡唐《ととう》は、とても危険な賭けでした。命を落としてしまうかもしれません。それでも、「中国の制度・文物を取り入れたい」という目的と信念を抱いて、多くの日本人が唐を目指しました。

空海も、そのひとりです。

８０４年、空海は、「第16次遣唐使船《けんとうしせん》」の第一船に乗船します。船団は４隻から構成されていましたが、途中暴風雨に遭い、２隻は消息を断ちました。

そして、空海が乗る第一船は、34日間漂流したのち、漂着します。たどり着いた福《ふく》州《しゅう》の地では、一時、「海賊」「罪人」の嫌疑をかけられたこともありました。

その後、長安《ちょうあん》で学び、正統な「密教《みっきょう》」の師と認められた空海は、入唐から2年後、膨大な教典と仏具を持って帰国しました。

コピー機はない時代ですから、すべて手書きで文献を写し取ったことでしょう（教典だけで、２１６部４６１巻もあったそうです）。その労力を思うと、本当に頭が下がります。

「遣唐使の時代に比べたら……、命をかけた空海に比べたら……、私は恵まれている。**たとえ試験に落ちても死ぬわけでもないし、今年、落ちても来年があるわけだし、私の行き詰りなど、たいしたことではない……**」

そう思うと、「やれることは、全部やり尽くそう」と、開き直ることができたのです。

✔「過去の苦労」からパワーをもらおう

弁護士の仕事というのは、そもそも「問題が起こったことに対して解決策を練る」わけですから、それこそ「うまくいかないこと」が基本です。相手がいることなので、こちらの思い通りに運ばないことも、たくさんあります。

いまでも、さまざまな困難に直面しますが、そんなとき私は、「学生時代」の自分を思い返すことがあります。

「高校時代は、いまでも夢でうなされるぐらい、勉強に追われていたよな…」
「ウツ状態になって、一度は、大学を辞めようと思ったよな…」
「司法試験の論文試験に落ちたときは、泣きながら日比谷公園を歩いたよな…」
「大学4年のときは、誰よりも必死で勉強したよな…」

そして、いまの自分を見つめ直します。

「あのときの苦しさに比べたら、いまの問題は、たいしたことないよな…」

そう思うと、困難に立ち向かう「勇気」と「突破力」がわいてくるのです。私がいま、ストレスにさらされながらも弁護士業務を遂行できるのは、この克服法を使っているからです。

あるとき、私が参加したあるセミナーで、参加者全員（20数名）の「ストレス・チェック」を行ったことがあります。「唾液」からストレス値を測定するもので、私は参加者の中で、「2番目にストレスが高い！」と判定されました。

この結果を聞かされたとき、私はまったく驚きませんでした。弁護士の仕事にストレスはつきものであり、むしろ、

「ストレスが平均より少ないようでは、一人前の弁護士じゃない」

と思っていたからです。

もしあなたが、いま、困難な局面にいるのであれば、いままでの人生を振り返り、「自分が経験したもっとも困難な局面」を思い出してみてはどうでしょう？

「困難な経験をしたことがない人」は、私が「空海」に影響されたように、本や映画などで、著名人や偉人の「困難に立ち向かったストーリー」に目を通してみてはいかがでしょうか？

そうすればきっと、「あのときの苦労に比べたら（あの偉人の苦労に比べたら）、いまの自分はたいしたことはない」と、感情をコントロールし、自分を元気づけることができると思います。

「過去の自分の苦労」や「著名人・偉人の逸話」に思いを馳せ、そこからパワーをもらうことが、大きな「行き詰り克服法」になるのです。

012

「免疫づくりトレーニング」で、あえて負荷を与えて精神力を鍛える

「心の免疫力」がつくと、必要以上に落ち込まなくなる

人の体は、ウイルス（病原菌）に感染すると、体内に「抗体《こうたい》」をつくろうとする働きがあります。この働きが「免疫力」です。「抗体」ができると、次に同じウイルスが入ってきても、病気にかかりにくくなります。

私は、勉強にも「免疫力」が必要だと思っています。「心の免疫力」を高めておけば、成績が上がらなくても、一度や二度、不合格になっても、テストの順位がよくなくても、「必要以上に落ち込まなくてすむ」はずです。感情をコントロールして、すぐに気持ちを切り替えて、次に進んで行けることでしょう。

では、どうすれば「心の免疫力」を高めることができるのでしょうか？

私は、**「小さな困難を経験すること」によって、「心の免疫力が強くなる」と考えています。**

私の場合は、次の「3つの方法」を「免疫づくりトレーニング」として取り入れ、少しずつ「勉強に対する免疫力」を高めていきました。

①【小テスト（定期試験）を繰り返す】
②【読書を通じて「追体験」をする】
③【あえて「辛い体験」をして「知らない世界」を知る】

①【小テスト（定期試験）を繰り返す】

小テストを繰り返すと、「解けた問題」と「解けなかった問題」がはっきりします。そして、解けた問題は「小さな成功体験」として「自信」になり、解けなかった問題は「小さな失敗体験」として「改善」を求められます。

「一度間違えた問題」が、次に出題されたときに「解ける」ようになっているのは、「一度目の失敗」によって「抗体ができる（＝解き方がわかる）」からです。

間違いに気づき、あらためて解き方を学べば、次に、同じ設問が出題されたときに、「次回からは失点を免れる」ようになるのです。

②【読書を通じて「追体験」をする】

読書をすれば、「他人の体験をたどり、自分の体験としてとらえる」ことができます。「著者（登場人物）がどのような困難に直面し、どのようにそれを突破してきたか」を学ぶことは、自分の視野を広げるうえでも有益です。

私はいまでも、クロネコヤマトの創業者、小倉昌男さんが書かれた名著である『小倉昌男　経営学』（日経ＢＰ社）を「人生と経営の教科書」として、繰り返し読んでいます。

③【あえて「辛い体験」をして「知らない世界」を知る】

大学４年の夏休み（司法試験の論文試験が終わったあと）、私は「社会経験をしよう。知らない世界を見てみよう」と思い立ち、肉体労働のアルバイトをはじめました。派遣会社に登録した私は、引越業者、工事現場の砂利運び、コピー機器の配送など、さまざまな「現場」に派遣されました。

いちばん辛かったのが、引越業者です。

腕力がなかった私は、屈強な先輩たちから、「手際が悪い！」と、毎日、怒鳴られてばかりいました。

引っ越し業者の仕事の1日目。かなり重い段ボール箱を、やっと1つ抱えて、ヨロヨロと運んでいると…、

「段ボール箱は、2つ以上で運ぶのが基本だ！」

と、先輩に怒られたのを、よく覚えています。


司法修習時代には、「登山」に挑戦したこともあります。

修習生の同期、Nさんに「白川クンは若いから、当然、山登りには参加するよな」と声をかけられたときは「はい…、『修行』ということで参加させていただきます」と返事をしました。「自分を鍛えるいい機会になる」と思ったからです。

初心者にも関わらず、「北岳《きただけ》」（日本第2の高峰。標高3193メートル）にチャレ

ンジ。体力のない私は、ついていくのが精一杯。景色を楽しむ余裕などは、まったくありません。それでも、山頂に着いたときには、「これでひとまわり大きくなった」という、達成感を感じました。

その後、修習生の仲間とは、何度か登山をともにし、「嵐に見舞われて山小屋から降りられなくなる」など、危険な思いをしたこともあります。

でも、このような経験があったからこそ、少々のことではへこたれない「心のしなやかさ」と「打たれ強さ」を身に付けることができたと思います。

そして、「自分には、肉体労働は向いていない」ことを知り、「自分を最大限、生かせるのは、学んだ知識を世の中に役立てることである」との思いを深めたのです。

一度、失敗していれば、乗り越え方もわかる

弁護士になったいままでは、裁判中、思い通りにいかないことがたくさんあります。「裁判に負けてしまいそう」になることもあります。

でも、「以前にも同じような試練があり、それを乗り越えた経験を持っている場合」は、心を強く保つことができます。

以前に一度、失敗していることにより、「どの点に注意しないと同じ失敗を繰り返してしまうのか」「この先に、どのような展開が待っているのか」「どうすれば、この状態を乗り越えることができるのか」が、事前にわかっているからです。

かつて、「ウツ状態になり大学を辞めようかな…」とまで追い込まれた私が、それ以降、一度も「ウツ状態」に陥らなくなったのは、過去に一度「ウツ状態を乗り越えた経験」を持つことによって、以前より「心の免疫力」が高くなったからです。

勉強を続けていれば、成績が上がらないときも、勉強がはかどらないときもあります。そんなときでも「落ち込まなくてすむ」ように、「免疫づくりトレーニング」を実践しながら、「心の免疫力」を鍛えていきましょう。

第2章
勉強に必要な「第2の力」

【戦略】「計画を立てて継続する力」

013

毎日の行動を「0・2％変える」だけで、1年後には「2倍」に変化できる

✔プラスαの「2時間」を積み重ね、約1000人をごぼう抜き

ここからの「第2章」では、勉強に必要な「第2の力」である、【戦略】「計画を立てて継続する力」について解説していきたいと思います。

さて、「司法試験に落ちたとき、「科目別の試験の成績表」が送られてきたのですが、それを見たとき、ピタリと時間が止まったように感じたのを、よく覚えています。

「G評価、G評価、E評価、C評価……」

不合格といっても、「あと一歩だったに違いない！　A評価（ギリギリ不合格）と、B評価（もう少しで合格）あたりだろう…」と思っていたからです。ところが…、6科目中2科目が「G」評価、その他もE評価やC評価だったのです。私は、

「G評価って何番目だ？　いち、にい、さん…7番目！　そんな評価あったのか？」

…と驚きつつも自分の甘さを、大いに恥じました。そして、「他の受験生よりも、たくさん勉強しよう。人一倍勉強しよう。中学受験のときよりも、高校受験のときよりも、大学受験のときよりも、必死に勉強しよう。そして、他の人がやっていないことをしよう」と気持ちを入れ替えたのです。

大学3年時の私の順位（論文試験）は、2500位前後でした。その当時、司法試験の合格者は、毎年、上位の約700人です。

新規の受験生がまったくいないと仮定しても、翌年（1年後）は、701位～1400位までの人が合格することになります。翌々年（2年後）は、1401位～2100位までの人が合格することになります。

ということは、私が合格できるのは、「3年後」になる計算です。翌年に合格をするには、私よりも成績が優秀な「約1000人」を、ごぼう抜きしなければならないわけです。

他の受験生と同じことを同じように勉強していては、順位は「現状維持のまま」です。ですから、**なにかしら「他の人がやっていないことをやる」ことが必要となってきます**。

たとえば、他の受験生が「自習室が開いている朝9時〜夜20時まで」勉強しているとします。

彼らよりも実力の劣る私が、まわりと同じように「朝9時〜夜20時まで」勉強したのでは、現在のポジションを維持するのが限界です。

実力差を埋めることも、追い越すこともできないのは当然ですよね……。彼らに追いつき、追い越すには、少なくとも、「彼らよりも長い時間、勉強に費やす」必要がありました。

そこで私は、毎朝、自習室が開く前（他の受験生が勉強をはじめる前）にファーストフード店で「30分〜1時間」勉強し、自習室が閉まってからも（他の受験生が勉強を終えたあとも）、自宅に戻って「30分〜1時間」勉強を続けました。

つまり、他の受験生よりも、「毎日、1時間〜2時間、長く勉強」していたことになります。「朝も、夜も、他の人より多く勉強している。だから、それだけ差はつまっているはずだ！」と、勉強している時間の量を自信に変えて、やり続けました。

もちろん、「他の人がやっていない勉強方法（長期＆短期戦略や自分の頭で深く考えること）」も取り入れましたが、それは、後述するとして、そのプラスαの「2時間」を積み重ねた結果、なんと翌年、「約1000人」をごぼう抜きして、逆転合格を果たすことができたのです。

「0・2％」多く努力すれば、1年後には「2倍の差」になる

経済評論家の勝間和代《かつまかずよ》さんは、次のように述べています。

「私は毎日『0・2％』ずつ改善していくことをいつもおすすめしています。たとえば、自分の行動習慣を0・2％改善すると、明日の自分は100・2％になります。これを365日続けると、207・3％になります。つまり、毎日0・2％ずつ改善していくと、1年後には2倍の変化を達成できるわけです」（「日経ビジネス アソシエ」2010年1月5日号より引用）

私も、実感値として、まさに、そのとおりだと思います。

いままで「1日10個の英単語」を覚えていたのなら、2倍の「1日20個」に増やす必要はありません。

いままでより「1個だけ」増やして「1日11個」覚えるようにする。毎日「60分」勉強をしているのなら、2倍の「120分」に増やすのではなく、勉強時間を「10分だけ」伸ばして「70分」勉強してみる……。

こうした、ほんの少しの上積みでいいのです。そうでなければ、長続きはしません。「他の人」よりも、そして「いままでの自分」よりも、ちょっとだけ多く（長く）勉強をすれば、「遠くにあった目標」を、徐々に徐々に、たぐり寄せることができます。

いま、現在の時点で、ライバルや、友人や、他の受験生に遅れを取っていたとしても、「0・2%」の上積みを続ければ、1年後には207・3%になるのですから、「十分に挽回できる」はずなのです。

014

「長期戦略」と「短期戦略」で計画すると、成績がグンッと安定する

✔「目標」を明確にすると、勉強に無駄がなくなる

勉強は、「何を目標とするのか」によって、学ぶべき内容と方法が変わります。たとえば、あなたが、「英語を習っている」とします。このとき、英語をマスターする目標として、

「海外旅行で困らない程度の英語力を身に付けたいのか？」
「外国人とビジネスができる英語力を身に付けたいのか？」
「話せなくてもいいので、英文で契約書が読める読解力を身に付けたいのか？」

といった「目指す目標」によって、勉強方法も、習得にかかる時間も、まったく変わってきます。

したがって、「効率的に勉強を進めたい」と思ったら、まずは「目標を明確にしておく」ことが大切です。**「目標が明確」になっていなければ、「目標を達成するために、何をどのように勉強すべきか」の「戦略」が決まらないでしょう。**

私には、「大学在学中に司法試験に合格する」という目標がありました。司法試験の合格に必要とされる時間は、一般的に1万時間（毎日6〜7時間）。

その目標から逆算すると、当然、大学1年時から勉強をはじめなければ、合格できません。そこで「大学入学と同時に司法試験予備校に通う」という「戦略」が立てられたわけです。

もし、「司法試験に合格する」という目標が明確になっていなかったら、私はいまごろ、弁護士になっていなかったかもしれません。

「司法試験に合格する」という目標があったとしても、「大学在学中に」という期限が定まっていなかったら、大学卒業後、何年も、何年も、「浪人」しながら、勉強し続けていたかもしれません。


目標があるから、継続できる。

目標があるから、我慢できる。

目標があるから、吸収できる。

目標があるから、集中できる。

継続力も、忍耐力も、吸収力も、集中力も、「目標があるからこそ」引き出せるのです。目標が決まっていれば、「目標以上の無謀な勉強をして挫折」したり、反対に、「目標にまったく届かない勉強をして時間を浪費」することが、少なくなります。

ビジネス書を1冊読むときも、漫然と目を通すよりは、

「この1冊から、こういう知識を学びたい」

「この本を読んで、こういう疑問を解消したい」

といった目標を持ってからページをめくったほうが、本の内容が、断然、頭に入ってきやすいのです。

「戦略」とは、「いつまでに、何をするか」を計画すること

「目標を達成するために、何をすべきか」を考えるのが、「戦略」です。それは、わ

かりやすく言えば「目標のために計画を立てる」ことです。

「戦略なき行動」が必ずしも無益だとは思いませんが、「どの時期にどのような勉強をすべきか」を決めていたほうが、はるかに学習効率を高めることができるでしょう。

また、「やるべきことが明確」になっていれば、「やるべきこと」をこなしていく過程で、「今日も、イメージの中の理想の自分に一歩近づけた」とワクワクする感情を味わうことができ、継続する力をキープできるようになるでしょう。

「長期戦略」とは目標達成までの計画を適切に立てること

「戦略」は、「長期」と「短期」で考えます。

高校時代の私であれば、「東京大学に合格する」のが目標です。そして、「東大に合格するために、どの時期に、何を勉強していくか」を考えるのが「長期戦略」です。

「長期戦略」を立てるときは、「最終的な目標と現在の自分の差」を把握しておく必要があります。

「実力差」がわかっていれば、「やるべきこと」と「やらなくていいこと」が明らかになるからです。

私は、「東大受験」を意識してすぐに、東大の「過去問」を解いてみました。もちろん、高校1年生の学力ですから、解けない問題ばかりです(笑)。

ですが、実際に問題を解いたことにより、「東大受験の難易度」を、「体感覚として肌で理解」できました。

あなたが、これから資格試験や受験に臨むのであれば、その勉強をはじめる前に、必ずいちばん最初に「過去問」を解いてみましょう。

「この試験に受かりたいなら、このレベルの問題を解けなければいけない」という現実を知ることができます。

そのうえで、勉強の計画を立てるようにすれば、多すぎたり少なすぎたりすることなく、適切な「長期戦略」を立てることができるようになるでしょう。

具体的な「長期戦略」とは、いまが4月で、試験まで1年間あるとしたら、

- **4月〜6月「6月までに教科書と問題集をひと通りやる」**
- **6月〜9月「9月までに同じ教科書と問題集をさらに2回やる」**
- **9月〜12月「12月までに問題演習をやり、並行して、教科書を1回読む」**
- **12月〜3月「3月までに過去問をやり、並行して、教科書を1回読む」**

というように、3ヵ月単位に分割して、科目ごとにあらかじめ勉強をする時間と分量を確保しておくのです。

ですが、目標とする「試験の種類」によって、3ヵ月単位に分割するのがいいのか、12ヵ月で分割するのがいいのかは、もちろん、変わってきますので、そこは臨機応変に、ご自身が受験する「試験の種類」によって、勉強しやすいようにアレンジしていただければと思います。

「短期戦略」で、シメキリ感を感じながら勉強できる

短期戦略に当たるのが、「模擬試験」や「定期試験（中間・期末テスト）」です。

「長期戦略」の表

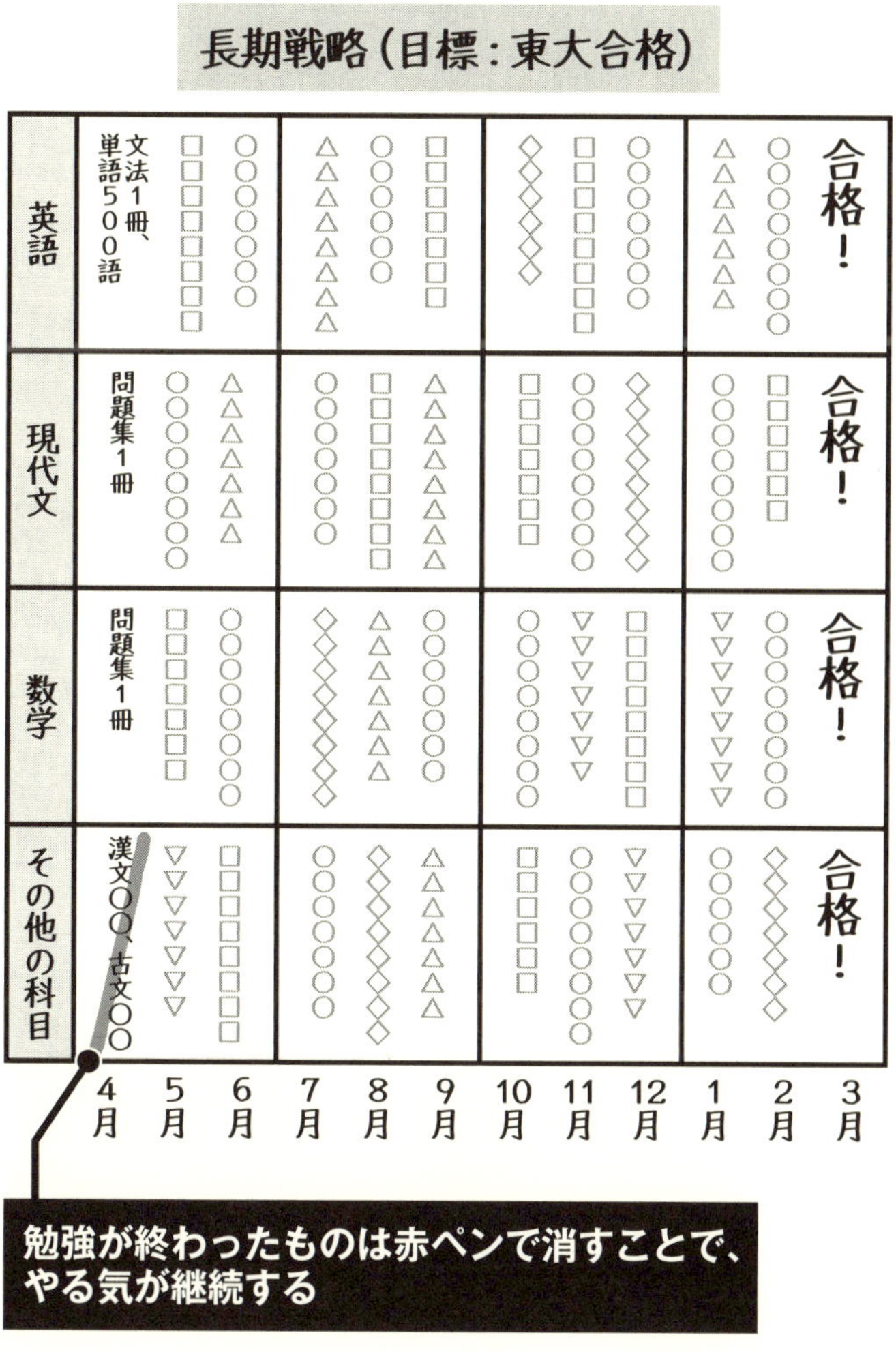
長期戦略（目標：東大合格）
英語
文法1冊、単語500語
現代文
問題集1冊
数学
問題集1冊
その他の科目
漢文○○、古文○○
合格！
合格！
合格！
合格！
4月
5月
6月
7月
8月
9月
10月
11月
12月
1月
2月
3月
勉強が終わったものは赤ペンで消すことで、やる気が継続する

学生時代の私は、定期試験の「2週間前」に計画表をつくり、「全教科を最低5回以上反復」するように心がけていました。

短期戦略を設定したことで「基礎を繰り返して勉強」できましたし、1年〜2年というロングスパンではなく、**「定期試験直前のシメキリ感を意識すること」**で、短距離走的なメリハリのついた勉強ができるようになるのです。

合格するために必要な「長期戦略（1〜2年のスパンで、問題集や過去問をどれだけやるか、いつ、何を覚えるか、など）」と、シメキリ感を身近に感じながら勉強する「短期戦略（1〜2週間に何ページ勉強するか、次の定期テストまでに何を、どれだけ勉強するか）」を決めておけば、計画を立てないときよりも、はるかに「達成度」「習熟度」を、感覚的に実感しやすくなるでしょう。

そして、長期戦略と短期戦略によって、成績が、グンッと安定してくることでしょう。

「短期戦略」の表

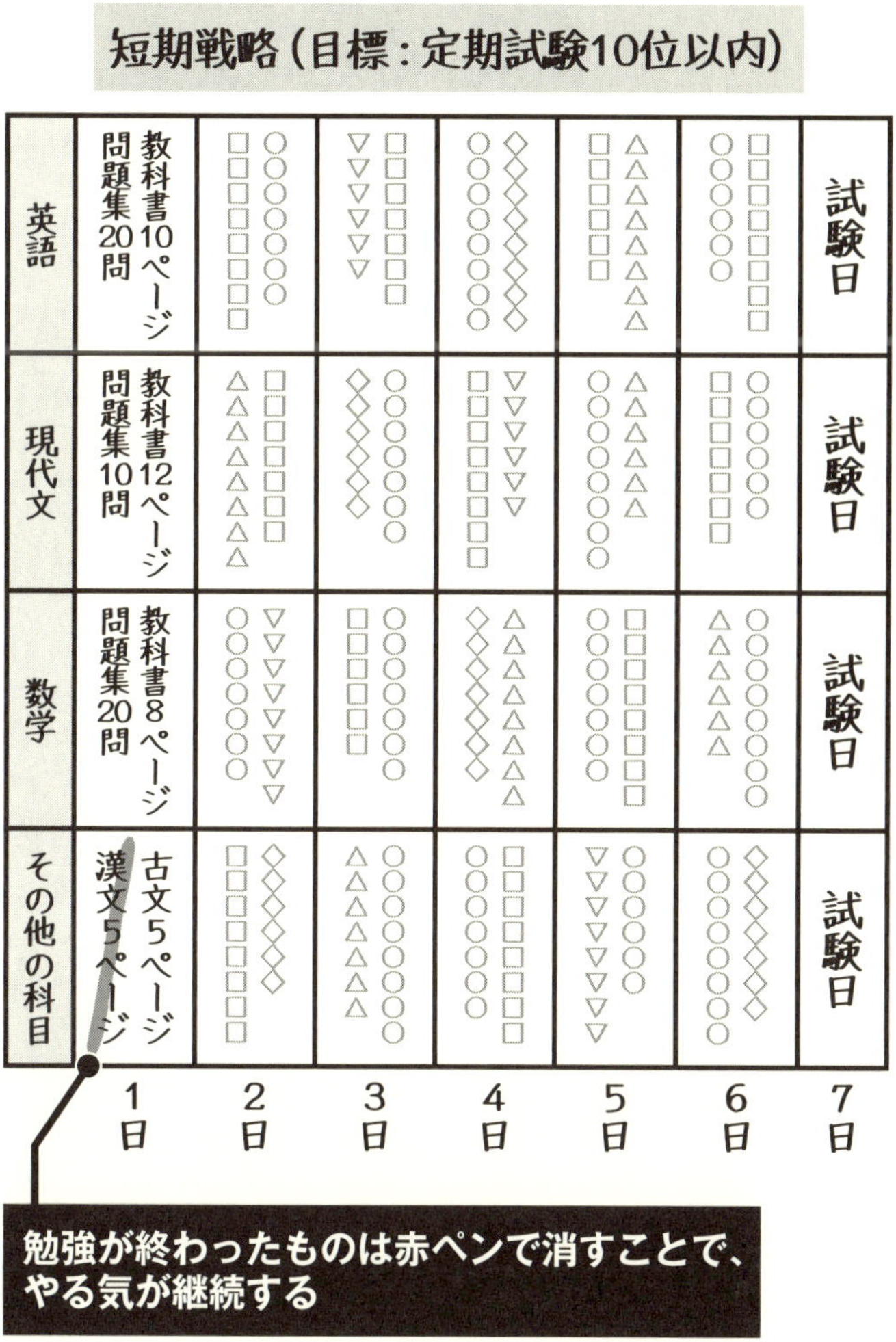
短期戦略（目標：定期試験10位以内）
英語
教科書10ページ
問題集20問
現代文
教科書12ページ
問題集10問
数学
教科書8ページ
問題集20問
その他の科目
古文5ページ
漢文5ページ
試験日
1日
2日
3日
4日
5日
6日
7日
勉強が終わったものは赤ペンで消すことで、やる気が継続する

015

「1Day戦略」を立てると、1日の勉強量が明確になる

「1Day戦略」＝「今日、何を、どれだけ勉強すべきか」

「長期戦略」と「短期戦略」を立てるのは、「今日すべきことを決めるため」でもあります。長期・短期の戦略から逆算すれば、「今日、何を、どれだけ勉強すべきか」を細かく決めることができます。

私は、学生時代から、「長期戦略」と「短期戦略」から逆算した「1Day戦略」を立てて、「その日やること」を決めていました。「その日やること」をメモや手帳、フセン紙などにあらかじめ書き出しておくのです。

たとえば、1年後に東大合格するための勉強を3ヵ月単位に分割したものが「長期戦略」だとして、2週間後に行われる「学校の定期テストで10位以内」が「短期戦略」だとします。

定期テストは、「教科書のここから、ここまで」と出題範囲が決められています。仮に、国語の出題範囲が「教科書35ページ分」あったとしましょう。「2週間で、5回、

教科書の内容を繰り返す」ために、「最初の1週間で2・5回終わらせる」ことを目安にします。すると、

「35ページ×2・5」÷「7日間」＝「1日12〜13ページ」。

「国語の教科書を1日12〜13ページやり、問題集を解く」のが、毎日のノルマ（最初の1週間）になるわけです。国語、数学、理科、社会…、すべての科目で「1Day戦略」をつくると、モレなく、試験範囲を繰り返し勉強できます。

模擬試験のように、「出題範囲が決められていない場合」は、「1日何ページ勉強する」と決めることができないので、もう少し大きな範囲で「ざっくりと」教科書や問題集のページ数を決めておけばいいと思います。

司法試験なら「前回の模擬試験では民法の成績があまりよくなかったので、次の模試までに、民法の教科書をひと通り読み直しておこう。模擬試験は2カ月後なので、そのためには、毎日、これくらい読んでおこう」といった具合に、おおよその目安をつけておきましょう。

そして、**勉強を終えるごとに、「1Day戦略」のリストを赤ペンで消していく。**

そうすれば、「これだけの量、頑張った！」という、自信や達成感を味わうことができます。

「1Day戦略」は、余裕を持ってスケジューリングする

「今日、これだけ勉強をしよう」と決めても、そのとおりにいかないこともあるでしょう。思うように勉強がはかどらず、リストを消化できない日があるかもしれません。

したがって、「1Day戦略」をつくるときは、「余裕を持って、計画を立てる」ことが大切です。そうすれば、たとえ1日のノルマを消化できなくても、翌日、リカバリーできるからです。

無理な計画は、すぐに破綻します。学生時代、私は定期テストのために、余裕を持って「2週間前」から準備をしていました。自分の能力を過信して、「1週間でも、すべての試験範囲を、5回以上終えられるだろう」というように甘く見積もっていた

ら、おそらく、スケジュールどおりにこなせず、徹夜をしても間に合わないということになっていたと思います。

✔「1Day戦略」は、さまざまな科目を組み合わせる

ひとつのことを長時間やり続けると、効率が悪くなります。ですから、「1Day戦略」を立てるときは、1日中、同じ勉強をやり続けるのではなく、「さまざまな科目を組み合わせる」べきです。

「今日は1日中、日本史だけやる、明日は数学だけやる」よりも、「午前中は日本史、午後は英語、夕方からは数学、夜は現代文」といった具合に、1日の時間を「いくつかの科目に割り当てる」ほうが、より集中して勉強できるようになります。

「1Day戦略」をつくると、今日やるべきことが明確になるため、勉強の進捗状況や達成率がわかりやすくなります。また、余計な勉強をしなくてすむので、時間の無駄を省くことができるのです。

「1Day戦略」の立て方

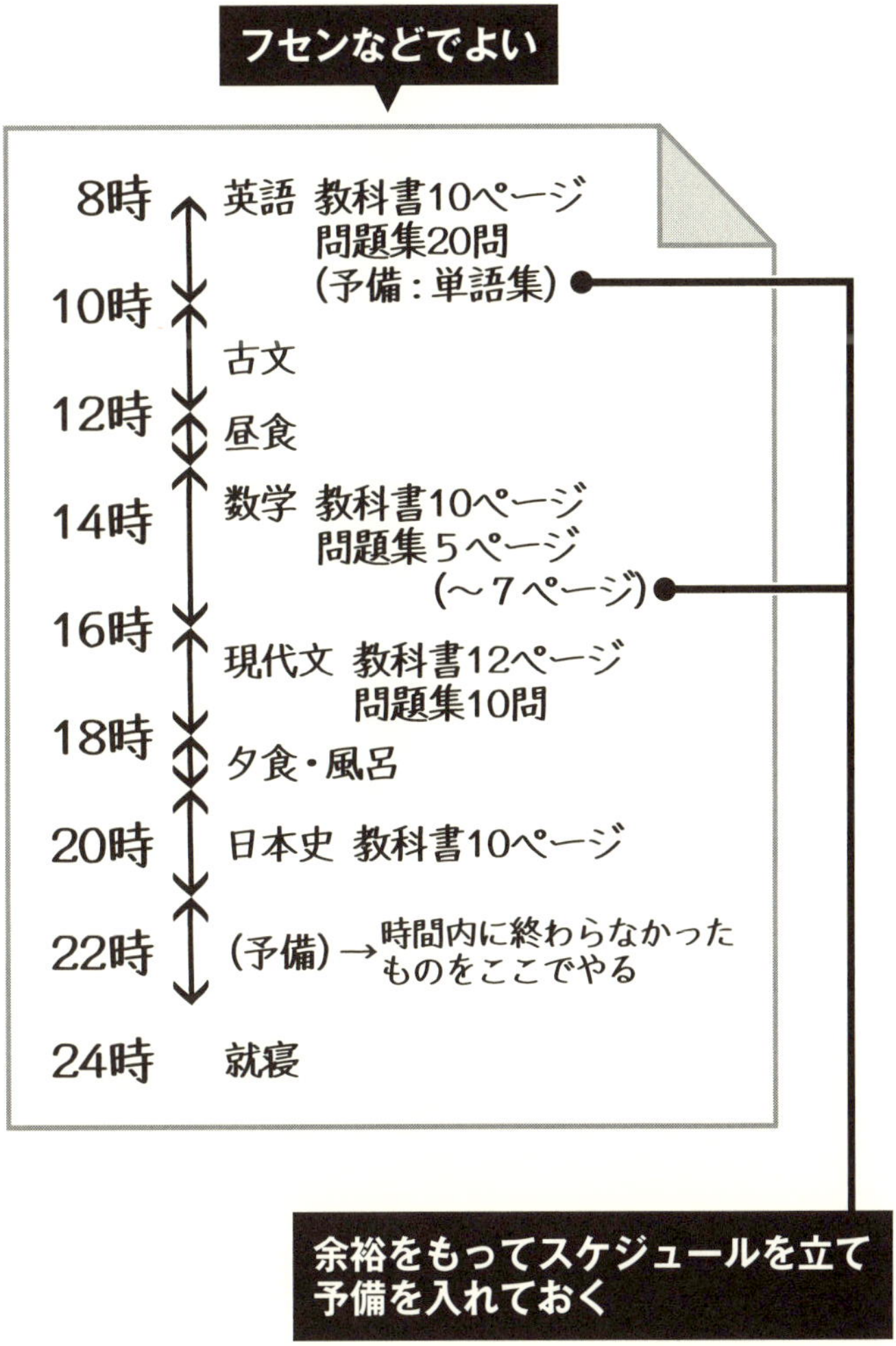
フセンなどでよい
8時
英語　教科書10ページ
問題集20問
（予備：単語集）
10時
古文
12時
昼食
14時
数学　教科書10ページ
問題集５ページ
（～７ページ）
16時
現代文　教科書12ページ
問題集10問
18時
夕食・風呂
20時
日本史　教科書10ページ
22時
（予備）→時間内に終わらなかった
ものをここでやる
24時
就寝
余裕をもってスケジュールを立て
予備を入れておく

016

「1冊書き込みノート術」で、すべての情報を一元化する

✓「教科書の内容」を、ノートにまとめ直してはいけない

2008年、『東大合格生のノートはかならず美しい』(太田あや/文藝春秋)という本がベストセラーになりました。『東大合格生のノートはどうして美しいのか』(太田あや/文藝春秋)、『マネして学べる東大合格ノート術』(山下厚/データ・ハウス)など、類書も多く出版され、

「東大生＝ノートのとり方がキレイ」

という考え方が広まったような気がします。

では、私のノートはどうだったかというと……、とても人に見せられるノートではありませんし、まるで「落書き」のようでした(笑)。私の場合、ノートは、あくまでも「メモ代わり」でしたから、キレイである必要はなかったわけです。

私には「ノートのとり方が、理解度に影響する」という考えはなかったので、東大

受験においても司法試験においても、「受験用のノート」をつくったことがありません。

東大受験なら「教科書」や「参考書」に、司法試験なら、「司法試験用・六法」などに、「直接、すべての情報や要点を書き込む」ようにしていました。私にとっては、教科書、参考書、六法が、「ノートそのもの」でもあったわけです。


受験生の中には、「教科書の内容を、全部、自分でノートにまとめ直す人」もいます。けれど、「教科書」や「参考書」には、すでに「必要な情報が1冊にまとめられている」わけですから、わざわざ「もう一度ノートにまとめ直すのは本当に時間の無駄」だと思います。

すべての情報を一元化する「1冊書き込みノート術」

私のノート術は、「1冊書き込みノート術」といえるもので、「ノートをまとめ直す」ことよりも、「すべての情報を一元化する」ことに、最大の価値を置いています。

「必要な情報をひとつに集約する」＝「教科書や参考書の余白にすべて書き込む」

のです。新しい発見、気づき、覚えるべきポイントなどは、すべて、教科書（参考書）に線を引いたり、直接書き込んでいきます。

そうすれば、**「すべての必要な情報が一元化でき、かつ、一度に取り出すことができる」**ようになります。

東大受験は、基本的に「教科書の範囲内」から、問題が出題されます。

難題・難問であれ、「出題される問題の解き方自体は、教科書に記載されている内容で説明できる」ようになっていますから、「教科書に書かれてある内容をしっかり理解する」ことが大前提です（もちろん、別途、演習問題を解いて、難題・難問への応用力をつけておく必要はあります）。

もちろん、別途、「ノートをとったほうがいい状況」もなくはないのですが、少なくとも「教科書や参考書に書いてあることを、もう一度まとめ直す」必要は、まったくありません。すでに「1冊にまとめられている教科書や参考書」を最大限活用することが、結果的に、最も効率的な勉強方法なのです。

017

「アウトプット勉強法」で、実際に使える「応用力」を身に付ける

問題集を解いてアウトプットしないと「応用力」は身に付かない

1冊の教科書や参考書を、ボロボロになるまで使い倒すのが、受験や、資格試験の王道であり、セオリーです。ただ、教科書に軸足を置くといっても、「教科書を、最初から最後まで、何度も通読するだけ」ではありません。

たとえば、東大の日本史。日本史は、暗記科目だと思われがちですが、実は、違います。

難関レベルの試験では、日本史で問われているのは、実は、思考力の深さです。史料を読み解いて、「どうして、歴史的にそのような出来事が起こったのか」について論拠を求め、整理し、結論として表現する力が求められています。

したがって、教科書の内容を暗記するだけでは、答案をつくることはできません。教科書で学んだ知識を「どう使うか、どう活かすかの練習や応用」が必要です。

幸いなことに、高校3年の担任が日本史の先生だったので、私は先生に「過去問の添削」をしていただきました。教科書で学んだ知識を「論文」としてアウトプットすることで、「知識の使い方」を実践的に学んだのです。

知識を正確に暗記したとしても、その知識を「試験の問題に応じて、使いこなす」ことができなければ、何も知らないのと同じになってしまいます。**問題集を解いてみたり、模擬試験を受けたりと、「教科書の内容」をいろいろな角度、いろいろな方法で繰り返し勉強することが大事なのです。**

模擬試験を受けたあとに教科書を読み返すと、「ああ、こういう意味だったのか」と、より理解が深まるのです。

覚えた知識は、使うことで「生きた知識」に変わる

私は、司法試験の受験時代に使っていた教科書を、いまだに読み返すことがあります。弁護士の実務を経験するようになってから教科書を読むと、「当時はわからなく

て、暗記をするしかなかった解釈の、本当の意味」に気がつけるのです。
覚えた知識は、実際に使ってみることで、「生きた知識」になっていきます。手を動かして、問題を解いて、アウトプットしてみましょう。

「教科書を読む↓過去問や模擬試験を受けてみる↓気がついたことを教科書に書き込む」
「ビジネス書を読む↓実際の仕事で実践してみる↓その成果や気づきを本に書き込んだり、メモにまとめる」

こうした「アウトプット勉強法」の繰り返しによって、実際に使える、解答力や応用力が身に付いていくのです。

018

受験生→少し上のレベルの参考書。
社会人→入門書で全体を把握

✔社会人の勉強は、まずは「入門書」で概要をつかむ

社会人になってから、「専門外の勉強」をする場合は、「教科書」「参考書」「ビジネス書」選びが、非常に大切なポイントです。

というのは、「1冊書き込みノート術」を使って、その本の中に、すべての情報を集約することになるからです。意気込むあまり、いきなり「分厚い専門書」を買ってしまうと、かえって意欲が削がれてしまいます。

私は、高校時代、世界史を選択していませんでしたので、弁護士になってから、「世界史を勉強しよう」と思い立ち、高校の教科書を買い直してみたことがあります。ところが、教科書を開いて読んでいると、ウトウト…、ウトウト…、いつも途中で寝てしまいます。

学校の教科書は「試験があるから読める」のであって、普段の読書には、まったく向いていないことがわかりました。当たり前ですが「面白味に欠ける」のです。

人類の進化や四大文明の話からはじまり、途中で眠くなって、ウトウト寝てしまう。後日、「今度こそ」と思って読み直しても、四大文明の話が終わる前に寝てしまう。

いつまでたっても、人類の進化や四大文明の話から、先に進みません…。

せっかく勉強をしようと思っても、途中で寝てしまうようでは、意味がありません。

そうならないためにも、「薄くて、わかりやすい入門書」を選ぶようにしましょう。手はじめに、勉強する分野の「基本的なイメージ」や「大枠・概要」をつかむようにします。「土台となる知識」を身に付けるのが、大前提です。

背伸びをせず、「マンガでわかる○○」「世界一簡単な○○」といったタイトルがつけられた「やさしい入門書」からはじめるのも一案です。

むずかしい本でつまずいて挫折してしまうより、平易に書かれたものでスタートしたほうが、しっかりとした土台ができあがるのです。

✔受験生は、いまの実力よりも「少し上のレベル」を使う

一方、受験生の「教科書」「参考書」「問題集」選びは、社会人とは少し違います。受験生の場合は、「勉強すること自体」に、ほぼすべての時間を使えるので、いまの学力よりも「少しむずかしいレベル」の参考書や問題集を選んだほうが、学力を伸ばしやすいでしょう。

やさしすぎる問題集…、極端な例でいえば、高校3年生が小学6年生の学力でも解ける問題集を買ったところで、「学び」は得られません。

私が中3に進級したときのことです。「自分の実力でらくらく解ける問題集」ばかり解いていたら、結果的にライバルに「差」をつけられてしまったことがあります。

私の経験上、「受験生の問題集（参考書）選び」は、「少しだけ背伸び」をしたほうがいいです。

「すぐに問題は解けなくても、解説を読めば理解できるくらいの参考書」が、もっとも応用力が身に付きやすいのです。

019

現代文の勉強法は「要約&精読」がキモ

✔「要約&精読」で、現代文の力が伸びる

では、ここからは、私が東大を受験するにあたって現代文・英語・数学・日本史、その他の教科ごとに、「どのように勉強し、どのような教科書・問題集・参考書を選んできたか」について、ご紹介いたします。

まずは、現代文。

私は、高校1年の頃、現代文は全国模試でも平均点程度。その後も伸び悩んでいたのですが、高校3年になってからは、得意科目になりました。現代文の秘訣は、「要約&精読」だったのです。

①「要約する」訓練

東大の現代文では、「筆者は、下線部で○○と述べているが、どういうことか、説

明せよ」といった問題が、よく出題されます。このような問題を解くには、問題文の言わんとすることを把握する（＝問題文を要約する）必要があります。

そこで、私は、現代文対策として、問題文の「要約」が付いた参考書を使って、要約の練習を繰り返しました。

「要約」は、読解力を鍛えるうえで、欠かせない訓練です。

ただ文章を読むのではなく、「要約しなければ！」と思いながら読むと、「文章全体の主旨」を端的につかまえようとするため、論理展開上「重要なところ」と「重要でないところ」を、見分ける力がつきます。

また、「要約」に慣れてくると、はじめて見る文章でも「重要な一文」や「重要なキーワード」を、素早く捉えやすくなります。

②「問題文全文を覚える」つもりで、じっくり読む（精読する）訓練

私の現代文の点数が飛躍的に伸びたのは、「問題文全文を覚える」つもりでじっくり読む（精読する）ようになってからです。

仕事や教養のために本を読むのであれば、その本の内容が理解できれば（＝その本が要約できれば）、こと足ります。

しかし、現代文の問題を解くときは、「問題文の中に、答えらしきものが散りばめられている」ため、読み飛ばし、読み残し、見落としをしないように「丁寧に読む」ことが必要です。

「一文一文、気合いを入れて、歯を食いしばって、全文を暗記する」くらいの気持ちで問題文に臨む。

その繰り返しによって、現代文を解く力が養われるのです。

【「現代文」の参考書選び】

…解説に問題文の「要約」が掲載されている問題集・参考書を選ぶ

020

英語の勉強法は、「単語&文法3×読解4×作文3＋リスニング」を同時並行で

✔「単語&文法3×読解4×作文3＋リスニング」を同時並行で

東大の英語入試問題は、読み・書き・リスニングの「総合力」を試す問題が出題されます。

したがって、入試対策としては、長文読解、英作文、リスニング、そして、これらの基礎となる単語・文法を、すべてバランスよく勉強することが必要です。

英語の勉強法は、「単語&文法3×読解4×作文3＋リスニング」の同時並行がよいと思います。

英作文は、単語と文法を理解することで、ある程度対応できますが、長文読解は、「わからない単語があっても大意を把握できる力」、「問題文を最初から最後まで根気よく読む力」など、プラスアルファの訓練が必要になります。

そこで、私は、「単語&文法3×読解4×作文3＋リスニング」のイメージで、とくに「読解」に力を入れながら、同時並行で勉強していました。

「単語&文法」は、「ベーシック繰り返し勉強法」で、コツコツと学ぶことが大切です。私の場合、学校指定の単語集・問題集を繰り返して、授業の小テストで定着させていました（小テストの点数が悪いと、怖い英語の先生から叱られるため、恐怖心から必死に勉強していました［笑］）。

「英作文」は、学校での授業や宿題だけでした。

これに対し、「長文読解」は、訓練のために、毎日、参考書や問題集の「長文」に触れるように心掛けていました。

「リスニング」は、「英語の音に耳を慣れさせる」ことが必要ですから、毎日、何らかの形で、英語の音に触れる機会をつくったほうがよいと思います。私の場合は、「NHKラジオ英会話」などを利用していました（※いまの東大の受験問題は、私の時代よりも、リスニングが重視されているようです）。

【「英語」の参考書選び】

…長文読解・英文法・英単語・リスニング・過去問の問題集&参考書を使用

長文読解：『英文解釈教室　改訂版』（伊藤和夫／研究社出版）

『英文標準問題精構』（原仙作＋中原道喜／旺文社）

英文法：『コンプリート高校総合英語』（山口俊治／ピアソン桐原）［絶版］

『大学入試英語頻出問題総演習　最新六訂版』（上垣暁雄／桐原書店）

英単語：『試験に出る英単語』（森一郎／青春出版社）

リスニング：『月刊・NHKラジオ英会話』（NHK出版）

過去問：Z-KAI（Z会）

021

数学の勉強法は、「試行力と暗記力」で突破

✔「試行力と暗記力」を問題によって使い分ける

私が高校生だった当時、受験アドバイザーの和田秀樹さんが「暗記数学」を提唱していました（「自力で問題を解かず、模範解答を見て解法を覚える」というやり方だったと記憶しています）。

私は、高校1年のころは、数学が得意でなく、むしろ苦手意識があったのですが、和田秀樹さんの「暗記数学」を知り、教科書や問題集の解法を暗記するようになってから、数学の成績がグンッとアップしました。

ただ、試験範囲のあるテスト（中間・期末試験）では、よい点数が取れるようになったものの、試験範囲のない実力テストや模擬試験では、数学の点数がなかなか伸びませんでした。

そこで、数学の問題を解くときに、「いきなり解法を覚えるのではなく、まずは自分で解いてみて、どうしても解けない問題にかぎって、解法を暗記する」というように、合わせ技にしてみました。

そうすると、模擬試験の数学の点数も、少しずつ安定してきたのです。

その後の数学の勉強法は、次の「２つ」の繰り返しでした。

①公式・定理を覚えたら、問題を解いて試行する（公式を使ってみる）
②どうしても解けない問題の場合は、解法を丸暗記する

①公式・定理を覚えたら、問題を解いて試行する（公式を使ってみる）

公式や定理を覚えたら、問題を解いて「試行する」訓練を繰り返します。

むずかしい問題に立ち向かい、自分の力で問題が解けたときの喜びは一入《ひとしお》でした。この喜びを味わえることが、数学を勉強するモチベーションになっていました。

ただし、勉強の時間は限られていますから、いつまでもダラダラと解くのではなく、

「この問題は○分で解く」と決めて、制限時間内は必死に問題を解き、時間がきたら解答を見るようにしていました。

②どうしても解けない問題の場合は、解法を丸暗記する

数学について、暗記がすべてだとは思いません。ですが、「このむずかしい問題が出たら、この公式を、こう使う」という解法のパターンを覚えておくことは、時間を効率的に使ううえでは、必要だと思います。

【「数学」の参考書選び】

…『月刊・大学への数学』（東京出版）
「シグマベスト」のシリーズ（文英堂）

022

日本史・古文・漢文など、その他の教科の勉強法

✔日本史・古文・漢文など、その他の教科の勉強法

【日本史】…「山川出版社の教科書」と市販の問題集を使用

たとえば、東大の日本史では、暗記力よりも思考力が問われます。

『歴史が面白くなる　東大のディープな日本史』（相澤 理／KADOKAWA中経出版）という、東大の入試問題をテーマにした本がベストセラーになりましたが、この本で紹介されているとおり、東大の日本史では、「平氏はなぜ政権を奪取できたのか？」といったテーマを考えさせる問題が出題されます。

ですから、日本史の勉強法は、教科書をただ暗記するのではなく、歴史上の出来事の「なぜ（原因・根拠）」を意識することがキモになります。

たとえば、1192年に鎌倉幕府が成立した出来事を勉強するとき、「いい国つくろう鎌倉幕府」と暗記するだけでなく、「何が【原因】で鎌倉幕府が成立したのか」、「何を【根拠】に鎌倉幕府が成立したといえるのか」を意識するのです。

そのように意識して勉強すると、「なぜ世の中に武士が出現したのか」、「なぜ鎌倉という場所が選ばれたのか」が分かりますし、「鎌倉幕府が成立したとされる1192年は、源頼朝が征夷大将軍《せいいたいしょうぐん》に任命された年であること（実質的には、それ以前から幕府として機能していたとも考えられること）」が分かります。

「なぜ」と問いながら勉強することで、「思考力」が身についていくのです。

教科書の背後にある人間ドラマを知ることも、記憶の定着のためには有効です。

たとえば、歴史のマンガやドラマ（大河ドラマなど）、司馬遼太郎《しばりょうたろう》、塩野七生《しおのななみ》が書いた歴史小説、阿刀田高《あとうだたかし》の随筆（世界各国の古典を軽妙に読み解いた随筆）なども、背景を知る手がかりになります。

【古文・漢文】……「学校の教科書」と市販の問題集を使用

古文・漢文は、基本的に学校の教科書と市販の問題集しか使っていません。

古文も、漢文も、日本語というよりは「外国語」として捉えたほうが、割り切って勉強できると思います。

私は、「一応日本語だし、わかる言葉もあるから、ちょっとやさしい外国語だな」くらいの気持ちで、「文法と単語を覚える」ことに注力しました。

023

「取りかかり時間ゼロ化法」で、いますぐ勉強に取りかかれる

「取りかかり時間ゼロ化法」で、「何もしない→1」にできる

私が「東大受験」を決めたのは、高校2年に入ってからです。東大合格までの長期戦略を立てている最中に、私は「数学」を「最優先科目」として位置付けました。東大文Ⅰの受験生の中には、「数学」に力を入れている学生が少ないと聞いていたため、「他の受験生と違うこと」をし、他の受験生との差を広げるためには、「数学でいい点数を取る」という戦略が必要だと考えたからです。

ですが、ひとつ問題がありました。私は数学が得意だったわけではありません。なので、「当初は、なかなか、数学の勉強をする気になれなかった」のです。「数学が大事」なのはわかっていながら、気が重い。ついつい、気楽で得意な科目ばかり勉強してしまい、数学を後回しにしていました。

「気が重くなるような科目が目の前にあるとき、どうすれば、躊躇《ちゅうちょ》しないですむだろ

う…？　どうすれば、取りかかるまでの時間を『ゼロ化』できるだろう…？」

私は、「数学」を勉強するにあたって、ひとまず、次のように考えることにしました。

「『何もしない→100』にするのではなく、まずは『何もしない→1』にする」

「はじめは、『ちょっとだけ』でもいい。慣れるまでは、『少しだけ』勉強すればいい」

「あらかじめ数学を予定に組み込んでしまい、その時間になったら、とりあえず、ちょっとだけ問題集を開く」

「好きな科目をやるのは、『ちょっと気の重い数学を勉強したあと』にする」

いきなりむずかしい数学の問題を解いたり、長時間勉強しようとすると、数学に対する苦手意識がさらに強くなってしまいます。ですから、「少しずつ、数学に慣れていく」ように心がけました。

簡単には進みませんでしたが、それでも、数学が得意でなかったからこそ、問題が解けたときの喜びは大きく、この「取りかかり時間ゼロ化法」によって、私は徐々に、

「数学のおもしろさ」を知ることができたのです。

「苦手が先、得意が後」の勉強法で、他の受験生に差をつける

「あらかじめ予定に入れて、少しずつ勉強をする」「苦手な科目でも、解けるようになるとワクワクする」という経験は、司法試験でも役に立っています。

司法試験では「民法」が、私にとっての最重要科目でした。民法の考え方は、あらゆる法律に通じています。「民法を制する者は司法試験を制す」という言葉があるくらい、民法は重要です。ところが私は、民法の勉強が退屈そうに思えて、興味が持てなかったのです。

「民法」は範囲がとてつもなく広いため、「これをすべて勉強しないといけないのか」と思うと、大変そうに思えて、手が付けられなくなります。それほど手強い「民法」でも、私は、東大受験の経験のおかげで、順調に進めることができました。

なぜなら、東大受験の数学のときのように「いちばんむずかしいこと、いちばん面

倒なこと、いちばん気が重いこと」から優先的に取りかかるほうが、他の人に差がついて、合格に近づきやすいことを、経験的にわかっていたからです。

私が面倒だと思うことは、おそらく、他の受験生も「面倒だ」と思っているはずです。だとすれば、みんなと違うこと、みんながやりたがらないことをやったほうが、みんなよりも先に進めるのです。

誰にでも「苦手で、なかなか手がつけられない科目」があると思います。

でも、だからこそ、後回しにしないでください。むしろ、「いちばんむずかしいこと、いちばん面倒なこと、いちばん気が重いこと」から先に勉強をはじめてみましょう。

「いちばんむずかしいこと、いちばん面倒なこと、いちばん気が重いこと」をクリアしたときのほうが、「やさしいもの、簡単なもの、好きなもの」をクリアしたときよりも、爽快感が大きくなって、結果的に勉強へのやる気をうながすのです。

はじめは「少しだけ」でもかまいません。「取りかかり時間ゼロ化法」で、「ちょっとだけ、はじめてみる」ことで、不思議と、苦手意識が軽くなるものなのです。

第3章
勉強に必要な「第3の力」

【思考】「自分の頭で深く考える力」

024

「なぜ思考」で、すべてに疑問を持つ。自分の頭で深く考えるための大前提

✓司法試験の論文試験は「自分の頭で深く考える力」を問う

ここからの「第3章」では、勉強に必要な「第3の力」である、【思考】「自分の頭で深く考える力」について解説していきたいと思います。

私が、大学3年時に受けた司法試験の論文試験で惨敗したのは、「自分の頭で深く考える力」が欠如していたからです。

大学3年のときの私は、「予備校の授業や、予備校で配布されるテキストだけ勉強していれば、合格できる」と信じていましたし、私が書いた答案も、「答案集などを参考に、マニュアル的にまとめただけ」でした。

つまり、「模範答案を覚えて、試験本番ではテーマに応じて、少しアレンジして解答する」という勉強をしていたのです。

論文試験は、「どのような条文（前提となるルール）を用いるか、どのような表現を用いるか、どのような構成で結論まで導くか」という「自分の頭で深く考えられるかどうか？」というのを見極める試験です。受験生の頭脳の個性を見る「人物試験」といってもいいでしょう。

したがって、模範解答をお手本にしているような「自分の頭で深く考える力」がない受験生は、真っ先に落ちてしまうわけです。

「なぜ思考」で、あらゆることを疑って考えてみる

「自分の頭で深く考える力」を高めるには、まず、大前提として、「なぜ思考」を持つことです。つまり…、

あらゆることに「疑問を持つこと」

です。これが、すべてのはじまりだと思います。

情報や常識を、鵜呑みにせずに、

「なぜそうなのか？」
「どうして、そうなるのか？」
「それは本当に正しいのか？」と一度、疑ってみます。
「なぜ？　なぜ？　なぜ？」

と「なぜ思考」で分析を続けることで、物事の本質を「自分なりに、自分の頭で深く理解できる」ようになります。

この後の「6つの能力」というところで、『論理力』とは、前提となるルールに素材を当てはめて、物事を考える力である」という説明がありますが、「自分の頭で深く考える力」を身に付けるためには、その「前提となるルール」にさえ、一度、「その前提は正しいのか？」と疑問を持ってみるべきだと思います。

歴史的事実や法律にも目を向けて「本当にその歴史は正しいのだろうか？」「なぜ、

そのような法律ができたのだろうか？　その法律は本当に正しいのだろうか？」と考える習慣を持ちましょう。

✔「円周率が3・14ではなく、3になった」は、本当か？

あるとき、「ゆとり教育の一環として、円周率が3・14ではなく、3になった」というウワサが流布《るふ》されたことがあります。このとき私は、「そうか、円周率は3になったのか」とすぐに納得したわけではなく、

「本当にそうだろうか？」

と疑問を持ちました。

「本当に3になったのだろうか？」
「3になったとすれば、その理由はなんだろうか？」
「いまも、3・14のままだとしたら、どうして『3になった』なんてウワサが流れてしまったのだろうか？」

そして私は、次のように考えてみました。

「いまの小学校では、小数点のかけ算を習う前に、図形の面積を勉強しているのではないか。そうだとすると、円の面積を求めるときに『3・14』では子どもたちが計算できない。

なので、小数点のかけ算を習っていない小学生に限って、『円周率＝3』でもいい。けれど、小数点のかけ算を習ったあとや、計算機を使用してもいい場合は、『円周率＝3・14』で計算をするのではないだろうか？」

「そして、ゆとり教育を『学習内容の縮小、簡略化』と、やや批判的に考える人が多いため、『3になった』というウワサが独り歩きして、真実みを持ってしまったのではないか？」

……と。このとき、私の考えたことが「正しかったか、どうか？」は、実は、大きな問題ではありません。大切なのは「自分の頭で深く考えてみるというプロセス」なのです。

世の中で「当たり前」「常識」「ルール」とされている事象に疑問を持ち、「自分の頭で深く考えてみる」ことが、思考の訓練につながるのです（※実際、教科書にはいまも『円周率＝3・14』と記載されています。ただし、手計算で計算する場合は『3』で概算してもいいそうです）。

ビジネスシーンでも「自分の頭で深く考える力」は重視されています。「与えられた情報を鵜呑みにして、それにただ当てはめるだけの人材」ではなく、これからの時代は、「懐疑的な思考を持って、自分の頭でオリジナルな発想ができる人材」が、求められているのです。

新聞、雑誌、口コミ、インターネット、SNSなどで語られる「二次情報」を鵜呑みにして、100％真に受けないでください。

私が裁判官をしていたころ、マスコミを中心に「裁判官は、純粋培養されたエリートで、20代の若手までも官用車《かんようしゃ》で送り迎えされている。世間知らずで、『赤提灯《あかちょうちん》』という言葉が何なのかも、知らない…」というレッテルが貼られたことがあります。

実際はどうだったのかというと…、

私は一度も官用車に乗ったことなどなく、キコキコと自転車で通っていました（笑）。

もちろん「赤提灯」大好きの裁判官も周りにたくさんいました。つまり、マスコミは、偏向《へんこう》報道をしていたことになります。

「それが本当かどうか？」「なぜ、そうなるのか？」「なぜ、そのようなウワサが広まったのか？」を、「なぜ思考」で疑ってみる習慣をぜひ、身に付けてほしいと思います。

では、その「なぜ思考」を前提としたうえで、自分の頭で深く考えるために必要な、「6つの脳力」である、①「記憶力」、②「要約力」、③「伝達力」、④「論理力」、⑤「直観力」、⑥「本番力」について、これから、詳しく解説していきたいと思います。

025

【6つの脳力】

深く考えるために必要な「6つの脳力」。「①記憶力」…効率よく覚える力

✔10年間勉強する中で発見した「6つの脳力」とは？

足かけ約10年間（中学受験から司法試験まで）、かなり「密度の濃い勉強」に取り組んだ私は、経験的に「思考力を上げ、自分の頭で深く考えるためには『6つの脳力』が必要である」と感じています。

【6つの脳力】

①「記憶力」……効率よく「覚える力」
②「要約力」……文章や会話の中から「要点を読み解く力」
③「伝達力」……わかりやすく「伝える力」
④「論理力」……前提やルールと照らし合わせながら、「順序立てて考える力」
⑤「直観力」……自分の「経験から瞬時に判断する力」
⑥「本番力」……自分の力を「100％発揮する力」

の6つです。

この「6つの脳力」は、物事を判断したり、覚えたりするときに必要な「基礎的な脳力（能力）」です。勉強や仕事の成果は、この「6つの脳力」の使い方によって変わると思います。

「6つの脳力」の地力が、もともと高くなくても、「トレーニング」によって、大きな力を発揮することができるようになります。

「繰り返し」「エモーショナル」「ストーリー」で暗記を克服

「6つの能力」の【①記憶力】については「東大や司法試験に合格する人は、普通の人よりも記憶力がいい」と思われているようです。しかし、少なくとも私に限っては「記憶力がいい」わけではありません。むしろ「忘れっぽいほう」だと思っています。

いまでも「暗記」は苦手です。たとえば買い物をしにいくとき、覚えていられるのは、せいぜい3品まで。4品以上になると、メモをしなければ、たいがい買い忘れてしまいます（笑）。

そんな私が、たくさんの法律の条文、たくさんの英単語、たくさんの公式、を覚えることができたのは、おもに次の「3つの記憶法」を使ったからです。

✓①「ベーシック繰り返し勉強法」は記憶力の基本の基本

第2章でも書いたように、私は、模擬試験や定期テスト（短期戦略）までの間に、「最低でも5回以上反復」できるように計画表を立案して、基礎を繰り返しました。

「繰り返す」といっても、「教科書やテキストを何回も読むだけ」ではありません。教科書を読む。問題集を解く。解けなかった問題の解法を覚える。模擬試験を受ける……など、いろいろな方法、いろいろな角度から覚え直す「ベーシック繰り返し勉強法」を使えば、記憶の定着力は確実に上がります。

✓②「エモーショナル記憶法」感情を動かすことで記憶に深く残る

もうひとつは、「感情やイメージを働かせる」ことです。

「感情が大きく動いたとき」は、繰り返す回数が少なくても、記憶に残りやすくなります。認知科学の分野では、「時間や場所と強い感情がともなったイベントの記憶は忘れにくい」と考えられており、「エピソード記憶」などと呼ばれているそうです。

私が「日比谷公園を泣きながら歩いたとき」の様子をいまも克明に覚えているのは、「感情が大きく動いた」からです。

小学5年生のときに受けた模擬試験で「私よりもいい点数を取ったクラスの女子の名前」を、いまだに鮮明に覚えているのは、「悔しい」という感情が働いたからです。

東大の合格発表当日に入った喫茶店で「私が頼んだメニュー」を、いまも覚えているのは、「嬉しい」という強烈な感情がともなったからです。

また、覚えてもすぐに忘れてしまう「英熟語」を、道で話しかけられた外国人に使って、相手にうまく通じたときに、一瞬でその「英熟語」を覚えてしまったりするのも、「外国人に通じた！」という感動があるからです。

通常の勉強のときは、勉強の内容を「感情と一緒に記憶する」ためには、「問題演習」が、有効です。問題が解けたら「嬉しい！」という感情がともないますし、解けなければ「解けなくて恥ずかしい、悔しい」といった感情がわき上がって、その感情のおかげで、記憶に残りやすくなります。

たしか小学4年のときです。算数で、「台形の面積」の求め方を教えてもらいました。台形の面積の公式は、ご存知のとおり「(上底＋下底)×高さ÷2」です。でも私は、この公式で、なぜ台形の面積を求めることができるのか、感覚的にうまく理解できませんでした。すると先生は、次のように説明してくれました。

「同じ形の台形を、もうひとつ用意して、上下さかさまにつなげてごらん。切り口を合わせると、必ず『平行四辺形』になるよね。ということは、平行四辺形の面積の公式『底辺×高さ』でまず求めて、それを半分にすればいいんだ。この『底辺の長さ』って、2つの台形をさかさまにしてつなげた長さだから『上底＋下底』だよね」

私は、本当に「感動」しました。**感情が大きく動いたからこそ、あれから30年近く経ちましたが、このときの授業の様子を、はっきりと思い出すことができるのです。**

③「ストーリー記憶法」は記憶に絶大なる威力を発揮する

「ストーリーとしてイメージする」ことも、記憶の定着をうながします。

法律の条文を覚えるとき、「六法全書」とにらめっこするだけでは、まったく覚えられません。

そこで私は、条文に関連した「判例《はんれい》（実際に起こった事件の裁判例）」を読むようにしました。

判例集には、事件の概要、あらましが掲載されているので、「事件や状況を頭の中で思い描きながら、条文を覚える」ことができます。ひとつの条文を「ストーリー（物語）」として覚えることができるのです。

学生時代に、英単語や歴史の年号を「語呂《ごろ》合わせ」で暗記したのも、「ストーリー（イメージ）とセットにしたほうが、覚えやすく、忘れにくい」と考えたからです。

たとえば「agony（アゴニー）」という単語。意味は「苦痛」です。「アゴに苦痛のアッパーカット」というように語呂合わせすると、「ボクシングで、アゴにパンチをもらって痛そうにしているボクサー」が思い浮かび、英単語を1枚の絵（ストーリー）として覚えることができます。

このように**「ストーリー記憶法」は、記憶力に絶大なる威力を発揮する**のです。

私はいまも「人の名前を覚えるとき」に、「ストーリー（イメージ）を働かせる」ことがあります。はじめての人とお会いしたときに、同じ名前の自分の知っている友人や、同じ名前の有名人とセットで、たとえば、この人は「佐藤さんグループ」として覚えるのです。

また、地名や情景などと関連付けて覚えるという手もあるでしょう。

たとえば、私の名前。「白川」という名前はあまりないので、私はよく、「白石さん」と間違われて覚えられることがあります。

そんなときは、「私が、白い川で泳いでいるところをイメージ」していただければ、間違えにくく、忘れにくくなるでしょう。

026

「一度忘れる記憶法」
忘れてしまった記憶は使える

✓「一度も覚えてない」のと「覚えたけど忘れた」は天と地の差

夏目漱石の門下の小説家・随筆家として知られる内《うち》田《だ》百閒《ひゃっけん》先生は、「学問」に関して、次のように述べています。

「学問はむしろ忘れるためにする。はじめから知らないのと、知ったうえで忘れるのでは雲泥の差がある。学問がその人に効果を発揮するのは忘れたあと。学問をするのにすぐ役に立つかということばかり考えるのは堕落の第一歩だ「学生の家」」（『日本人の叡智』〔磯田道史／新潮新書〕より引用）

「どうせ覚えても、すぐに忘れてしまうのなら、勉強してもしなくても同じ」と考える人がいます。でも、「一度も覚えていない」のと…、

「一度は覚えたけれど、忘れてしまった」

のでは、まさに「天と地、まったく違う」と私も実感しています。

たとえば、「自動速度取締装置（オービス）の測定は正しいか、否か」が裁判で争われることがあります。オービスのしくみを理解するには、「物理学」の知識が必要です。

「未公開株の価格が問題になる裁判」では「数学」が、「石油の油性判定が問題になる裁判」では「化学」が、「医療関係」では「生物」が必要になります。

そんなとき、私は、高校の教科書から読み直して「その分野」の勉強をすることもあります。このとき「あぁ、そういえば、確か、そういうことだったよね…」と、過去に一度覚えたことを思い出しながらつなげて考えることができるのは、「一度、勉強した素地がある」からです。

一度は覚えたけれど、忘れてしまったことを、あらためて勉強し直すときの「覚える労力」は、一度も勉強したことがないときとくらべたら、まさに「雲泥の差」なのです。

「学校で数学を習っても、どうせ社会に出たら何の役にも立たない」という理由をつけて、数学の勉強を放棄する人がいます。

私も子どものころは、そう思っていました。「受験に出るから」、しかたなく勉強をしていた面もあります。

けれど、社会人になったいま、結果的には「数学を勉強していて本当によかった」と思います。世の中のしくみは、「数学」的な思考で説明できることが、実に多いからです。

すぐには役に立たなくても、将来的に役に立つことがあります。内田百閒先生がおっしゃるように、「学問がその人に効果を発揮するのは忘れたあと」なのです。

そのためにも、**「忘れてしまってもいいから、一度記憶しておく」という作業をするのは、とても重要なことなのです。**

027

【6つの脳力】

「②要約力」とは、相手が伝えたい要点を理解する力

✔「問題意識」「結論」「理由づけ」の3つを読み解く

【6つの脳力】の「②要約力」とは、「一定の長さを持つ文章（論説文など）」の中から、「主題（筆者がもっとも伝えたいこと）」を見つけ、「短くまとめる力」のことです。

受験においては「この文章を200字以内で要約しなさい」や「この文章の要点として正しいものを答えなさい」といった問題を解くために必要で、「現代文の攻略には欠かせない力」です。また、ビジネスにおいても、「要約力」を必要とするシーンはたくさんあります。

「相手の言いたい重要ポイントを理解する」「必要な書類を短時間で読む」「書籍の内容を素早くつかむ」「簡潔で正確なビジネス文書を書く」などなど……。

「いちばん大切な情報や結論を見つけ出し、理解する力」は、ビジネスマンにとっても、必要不可欠です。

要約力を身に付けるには、次の「3つの要素」を意識しながら文章を読む（あるいは、書いてみる）といいでしょう。

①「問題意識」……何を問題にしているのか
②「結論」…………何が言いたいのか
③「理由づけ」……なぜ、そのように言えるのか

すなわち、

「何について（問題意識）、何が言いたいのか（結論）、そして、どうして、そんなことが言えるのか（理由づけ）」

を考えながら、文章を読み解いていきます。


私たち弁護士の仕事は、「要約力」なしには成り立ちません。

依頼者の話を聞いて、

「この依頼者の方は、何を問題にしているのか」（問題意識）

をはっきりさせ、

「その問題を解決するには、こういう手段が最善である」（結論）

ことを、依頼者に伝え、

「それは、こういう理由があるからだ」（理由づけ）

と説明します。

「新聞のコラム（朝日新聞の「天声人語」など）」を使って、その文章中に隠された「①問題意識　②結論　③理由づけ」を見つける訓練をすると、「要約力」が身に付きやすいと思います。このとき、受験生は「一文一文気合いを入れて読む」「読み残しがないように、じっくり読む（精読する）」ように心がけると、現代文の力が身に付くでしょう。

では、以下に実際の「要約」の例を挙げてみましょう。「判例文」で、ちょっとむずかしいので、場合によっては、「この部分」は読み飛ばしていただいても大丈夫です。

民法の中に「嫡出《ちゃくしゅつ》（婚姻関係にある夫婦から生まれた子）でない子の相続分は、嫡《ちゃく》出子《しゅつし》の相続分の2分の1とする」という規定があったのですが、2013年に、最高裁判所は、「本件規定は憲法違反である」と決定しました。この最高裁判所の決定文を要約してみましょう。

【最高裁判所　平成25年9月4日　大法廷決定の抜粋】

【3】本件規定の憲法14条1項（著者注：法の下の平等）適合性について

（1）（略）民法は、（略）事実婚主義を排して、法律婚主義を採用している。一方、相続制度については、（略）嫡出でない子の法定相続分を嫡出子のそれの2分の1とする規定は、本件規定として現行民法にも引き継がれた。

（2）最高裁平成7年7月5日大法廷（略）は、本件規定につき、（略）憲法14条1項に反するものとはいえないと判断した。

しかし、（略）その定めの合理性については、個人の尊厳と法の下の平等を定める憲法に照らして不断に検討され、吟味されなければならない。

（3）（略）

(4)(略)現在に至るまでの間の社会の動向、我が国における家族形態の多様化やこれに伴う国民の意識の変化、(略)等を総合的に考察すれば、家族という共同体の中における個人の尊重がより明確に認識されてきたことは明らかであるといえる。そして、法律婚という制度自体は我が国に定着しているとしても、上記のような認識の変化に伴い、上記制度の下で父母が婚姻関係になかったという、子にとっては自ら選択ないし修正する余地のない事柄を理由としてその子に不利益を及ぼすことは許されず、子を個人として尊重し、その権利を保障すべきであるという考えが確立されてきているものということができる。

以上を総合すれば、(略)平成13年7月当時、(略)嫡出子と嫡出でない子の法定相続分を区別する合理的な根拠は失われていたというべきである。

したがって、本件規定は、遅くとも平成13年7月当時において、憲法14条1項に違反していたものというべきである。

【抜粋　ここまで】

「要約力」の3つの要素は、「①問題意識、②結論、③理由づけ」でした。

「①問題意識」は、文章のはじめ（タイトル・見出し、書き出し）に着目しましょう。

最高裁の決定文は、文章のはじめに、「【3】本件規定の憲法14条1項適合性について」とあります。

つまり、最高裁は、「本件規定（嫡出子と嫡出でない子の相続分を区別した規定）は、憲法14条1項（法の下の平等）に違反するのか？」という問題意識を持って、この問題について文章を書いているのです。

「②結論」は、問題意識の直後、または、文章の最後に着目しましょう。

（ビジネスの報告書では前者、論説文では後者に結論が書かれていることが多い）

最高裁の決定文では、最後の一文に、「本件規定は、……憲法14条1項に違反していた」という結論が書かれています。

「③理由づけ」は、結論に近いところから探していくことがコツです。

最高裁の決定文では、結論のひとつ前の一文に、「嫡出子と嫡出でない子の法定相続分を区別する合理的な根拠は失われていた」という「理由づけ」が書かれています。

ただ、この「理由づけ」は抽象的です。そこで、さらにひとつ前の一文を見ると、「子にとっては自ら選択ないし修正する余地のない事柄を理由としてその子に不利益を及ぼすことは許されず、……」とあります。この一文が具体的な「理由づけ」です。

つまり、最高裁の決定文を要約すると、次のようになります。

【①問題意識】…嫡出子と嫡出でない子の相続分を区別した民法の規定は
【②結論】………憲法14条1項（法の下の平等）に違反する
【③理由づけ】…なぜなら、子にとっては自ら選択ないし修正する余地のない事柄を理由としてその子に不利益を及ぼすことは許されないからだ

これぐらい「要約」できれば、相手の言いたい重要ポイントは理解できるはずです。

028

【6つの脳力】

「③伝達力」とは、相手が理解しやすいように伝える力

✔「伝達力」は、「要約力」の「逆」と考える

【6つの脳力】の「③伝達力」は「要約力」とセットで必要となってくる力です。

「要約力」は、相手が何を伝えたいのかを読解する力、つまり「インプットのための脳力」でした。

一方の「伝達力」とは、相手が理解しやすいように書いたり、話したりする「アウトプットのための脳力」です。

「伝達力」は、「要約力」の「逆」と考えてください。「要約力」は、相手の話や文章の中から「①問題意識」「②結論」「③理由づけ」を読み解くものでした。その「逆」ということは、こちらから、文章や会話を発信するときに、

①「問題意識」……何を問題にしているのか

②「結論」……何が言いたいのか

③「理由づけ」……なぜ、そのように言えるのか

の「3つの要素」を入れて伝えればいいわけです。「3つの要素」を文章としてあらわすことができれば、逆に、相手は要約する手間がなくなるわけです。

次の例文は、僭越《せんえつ》ながら、私のブログです。私は文章を書くとき、「①問題意識」「②結論」「③理由づけ」の3つを盛り込むように心がけています。

【ブログの文章】

法律の条文は、とてもわかりにくい。
その理由のひとつは、一文が長いうえに、カッコが多すぎることにあります。
たとえば、著作権法119条の条文は、こんな感じです。

著作権、出版権又は著作隣接権を侵害した者（第三十条第一項（第百二条第一項に

おいて準用する場合を含む。）に定める私的使用の目的をもつて自ら著作物若しくは実演等の複製を行つた者、第百十三条第三項の規定により著作権若しくは著作隣接権（同条第四項の規定により著作隣接権とみなされる権利を含む。第百二十条の二第三号において同じ。）を侵害する行為とみなされる行為を行つた者、第百十三条第五項の規定により著作権若しくは著作隣接権を侵害する行為とみなされる行為を行つた者又は次項第三号若しくは第四号に掲げる者を除く。）は、十年以下の懲役若しくは千万円以下の罰金に処し、又はこれを併科する。

これで、一文です。カッコが、やたらと多いですよね。しかも、カッコの中に、また、別のカッコが…。こんな条文は、まず、カッコを全部、取り払って、読んでみましょう。カッコを全部、取り払うと、

著作権、出版権又は著作隣接権を侵害した者は、十年以下の懲役若しくは千万円以下の罰金に処し、又はこれを併科する。

これで、かなり、スッキリしました。

・一文は短く。
・カッコの多用は避ける。

これが、わかりやすい文章を書く「秘訣」のひとつです。

【ブログの文章　ここまで】

このブログの文章は、「伝達力」を意識して書いてありますので、次のような構造になっています。

①「問題意識」……法律の条文は、とてもわかりにくい
②「結論」…………一文を短くして、カッコを外せば、わかりやすくなる
③「理由づけ」……実際に、条文がわかりやすくなる例を出して説明

……という構造です。はじめに問題提起をして、すぐに結論を述べ、結論へと導く理由づけや根拠を挙げる、という流れです。このように「3つの要素」を入れていくと、読みやすい文章をつくることができます。

「伝達力」の「3つの要素」は、メールにも応用できる

私は、メールを送るときも、この「3つの要素」を意識しています。メールの場合は、「件名」が「①問題意識」に該当します。「件名」には、「何の用件なのか」をはっきりと書くといいでしょう。そして、もっとも伝えたい「②結論」をはじめに述べて、その「③理由づけ」を列挙するという形式が、相手に伝わりやすいです。

ただし、メールの場合は、要点を簡潔に伝えようとすると、相手に「無機質な印象」を与えかねませんので、「挨拶文」「近況報告」「時候の挨拶」「追伸」などを添えて、温かみを演出することも必要です。

✔「添削」と「お手本」が、伝達力アップの2つの方法

伝達力をつけるには、次の「2つ」の方法が有効です。

①「添削」を受ける

自分で作成した文章を、客観的に評価してもらうことが大切です。

私が裁判官だったときは、私が起案した判決文を、上司の裁判官がチェックしていましたし、裁判官研修で民間企業に派遣されたときは、企業の方にビジネス文書の添削をしていただきました。

伝達力は、文章力のある第三者に添削をしてもらうと、上達も早いですし、書き方のコツがわかってきます。

②うまい人の文章を「お手本にする」

学生のころは、自分よりも成績がいい人が書いた「論文」を見せてもらって、書き

方を真似していました。弁護士になったいまでも、いいお手本を見つけると、「文章の表現を参考にすること」があります。

先日も、ある弁護士が「人権という普遍的原理を縦糸に、歴史や文化を横糸にして……」と表現しているのを聞き、「縦糸と横糸という表現は非常にわかりやすい。今度、自分でも使ってみよう」と思ったことがありました。

表現力のある人の文章を「お手本」にするのも、伝達力アップの近道です。

自分の頭の中では論理的に考えているつもりでも、文章や言葉として表現できなければ、相手に「わかりやすく伝える」ことはできません。

論文やレポートを作成するときは、「①問題意識」「②結論」「③理由づけ」の3つを盛り込んだ構成を考えましょう。

029

【6つの脳力】

「④論理力」とは、ルールに当てはめて、物事を考える力

✓「論理力」を磨くには、「前提→当てはめ→結論」で考える

【6つの脳力】の「④論理力」とは、「順序立てて考える力」を意味しています。勉強における「論理力」とは、

「前提となる『ルール（法則・形式）』に素材を当てはめて、物事を考える力」のことです。

「前提となるルール」は、数学なら「公式」が、裁判なら「条文」が、仕事なら「法則（※ハインリッヒの法則など）」が、これに当たります。

「前提に当てはめる素材」は、数学なら「図形問題」などが、裁判なら「具体的な事件」が、仕事なら「ひとつの重大な労働災害」などが、これに当たります。

（※「ハインリッヒの法則」…ひとつの大きな事故の裏には、29の軽微な事故、その背景には300のヒヤリとする異常があるという法則）

そして、これらの前提に素材を当てはめて、物事を順序立てて考え、結論を導く力が「論理力」なのです。

「論理力」を磨くには、「前提→当てはめ→結論」で考えるクセをつけるといいでしょう。たとえば、「制限速度が50キロの道路で、自動車が70キロで走った」とします。この状況を「論理力」を使って説明すると、次のようになります。

- 「前提」…………法律でこの道路の制限時速は「50キロ」に定められている
- 「当てはめ素材」……時速「70キロ」で走行したという具体的な事実
- 「結論」…………「20キロ」超過しているので、「スピード違反」

論理力のトレーニングには、数学の「証明問題」が役に立ちます。

数学の「証明問題」というのは、「式Aだから式B、式Bだから式C……」というように「論理を積み重ね」ながら解いていくため、順序立てて物事を考える練習になります（中学レベルの証明問題でも、十分に「論理力」を鍛える練習になります）。

「数学」は「論理力」を磨くためのトレーニングになる

「数学を勉強したところで、社会に出れば、役に立たない」と考えている人がいますが、私は違う意見です。

「数学力」とは、言い換えると、「論理力」であり、「法律力」です。

「数学」も「法律」も、抽象化の極みといえます。「数学」は、具体的な事象や現象を「公式」として抽象化しており、一方で「法律」は、日常的な出来事を「条文」として抽象化しています。

たとえば、刑法第235条「窃盗」に関する条文は、こうです。

「他人の財物を窃取《せっしゅ》した者は、窃盗の罪とし、10年以下の懲役又は50万円以下の罰金に処する」

この条文は、とても抽象的です。

「窃盗」には、空き巣、万引き、車上ねらい、置き引きなど、さまざまな盗み方があります。盗まれる物品も、さまざまです。

しかし、刑法は、それぞれの手口や盗まれた物品ごとに罪を規定しているわけではありません。どのケースでも条文が使えるように、「窃取《せっしゅ》」や「財物」という言葉に置き換えて抽象化しているのです。

仮に、魔が差した人が「コンビニでおにぎりを万引きした」とします。

刑法には、「コンビニでおにぎりを万引きした者は懲役1カ月に処する」と、具体的に書かれてあるわけではありませんから、裁判官は、「このケースでは、どの法律が適用されるのか」を見極めて、論理的に考えて結論を導く必要があります。

ましてや「誰かの自宅に侵入して、おにぎりを盗んだ」のであれば、「窃盗」のほかに、刑法130条の「住居侵入罪」の適用も考えていかなければなりません。

具体的な事件を解決するためには、「どの法律が問題になっているのか」「その法律を適用して（＝具体的な事件を、抽象的な法律に当てはめて）、どのような結論が導かれるか」を論理的に判断しなければならないのです。

この作業は、非常に「数学」に似ています。なぜなら、**数学も、具体的な問題を解くために、「どの公式や、どの定理を使えばいいのか」「その公式を使って（＝具体的な問題を、抽象的な公式に当てはめて）、どのような解答が導かれるのか」を論理的に判断する必要があるからです。**

数学の勉強は、「法律力」や「論理力」を養うためにも必要です。「抽象化された前提」と「具体的な出来事」をすり合わせながら物事の本質を読み解いていくことが、数学を勉強する意義なのです。

030

【6つの脳力】

「⑤直観力」とは、経験から瞬時に正しい結論を導く力

論理的に正しくても、「直観的」に正しいとはかぎらない

【6つの脳力】の「⑤直観力」とは、多くの経験を積んだその経験則から、瞬時にズバリと「正しい結論」を導く力のことです。

物事の正しさを判断するときは、「論理」的に考えていくわけですが、「論理的に正しければ、すべて正しい」とは言い切れません。論理的に正しくても、直観的には正しくないことがあるからです。

ここで、よく間違われるのが「直感」と「直観」の違いです。

「直感」が感覚的なインスピレーションだとすれば、「直観」は経験値や経験知から瞬時に物事の本質を見極めることです。

とくに弁護士の仕事は、「直観力」が大事です。私が依頼者から相談を受けたとし

ます。このとき、依頼者の話が「論理的には正しい」としても、それをすべて鵜呑みにすることはできません。

なぜなら、私は経験的に、そして直観的に、「人は誰でも、自分に有利なことを言う傾向にある」ことを知っているからです。したがって、依頼者の話を「論理」と「直観」の2つの側面から判断する必要があります。

「民法」は「信義則《しんぎそく》」（1条2項／信義誠実の原則）と「権利濫用《らんよう》」（1条3項）を基本原則として定めています。

- 信義則………「権利の行使及び義務の履行は、信義に従い誠実に行わなければならない」
- 権利濫用……「権利の濫用は、これを許さない」

この「信義則」と「権利濫用」をわかりやすく言うと、

「法律に照らし合わせて、論理的に正しくても、直観的に考えて正しくないならば、修正して考えましょう」

という考え方です。例をあげて、説明します。

妻子ある男性、Aさんが浮気をして、結婚生活が事実上、破綻しているとします。「浮気相手との結婚」を望んだAさんは、奥さんに対して離婚を求めました。

論理的に判断すると、このケースは、民法770条1項5号「婚姻を継続し難い重大な事由があるとき」に該当します。

Aさんはすでに、婚姻を継続するつもりはないわけですから、大前提となる法律と照らし合わせれば「Aさんの離婚請求が認められる」ことになりそうです。

ですが、みなさんも直観的に（経験値や経験知から物事の本質を見極めて）考えてみてください。

直観的に考えて、どうでしょうか？　浮気をしたのは、Aさんです。「自分から浮気をしておいて、自分から離婚を請求する」とは、少々、虫がよすぎるのではないでしょうか？

最高裁の「判例」には、こうあります。

「有責《ゆうせき》配偶者（自ら離婚原因を作って婚姻関係を破綻させた者）からの離婚請求は、信義則上、厳しい条件を充たさない限り、原則として離婚請求は認められない」

つまり最高裁は、「民法上に規定はないが、このケースの場合、論理的には正しくても、直観的には正しくない」と判断しているわけです。

「直観力」を磨く3つの方法

「直観力」は、「経験と照らし合わせる脳力」です。「直観力」が磨かれてくると、

「この問題は、以前解いたことのある問題に似ているので、あの解き方を応用できるのではないか！」

「この問題は、こういうふうにアプローチしていけば解決に近づくのではないか！」

といったように、瞬時に、そして経験的に判断できるようになります。「引っ掛け問題」なども、瞬時に、見破れるようになるでしょう。

私はおもに、次の「3つの方法」で直観力を磨きました。

①自己経験（過去問、模擬試験、実体験、実務経験）

模擬試験を受けたり、問題集を解くことによって、出題の傾向を経験的に理解することができます。

弁護士業務であれば、実務経験を積めば積むほど、「この場合は、おそらく、このような結論になりそうだ！」という見通しが、事前にわかるようになります。

②他者経験（セミナーや会食）

人に会い、人から話を聞くことで、自分では体験できない経験値を吸収することができます。司法試験の勉強中、私が、模擬試験を「3人で分担して受け、各校の問題を交換し合った」のも、他者経験を共有するためです。

また、「自分の役に立つセミナー」と「役に立たないセミナー」を、直観的に、一瞬で見分けることができるようになったのは、積極的にたくさんのセミナーを経験し、

「え！　どうなってるんだ、この不思議なセミナーは！！」

……という経験を、たくさん積んだおかげだと思います（笑）。

③読書（ビジネス書や教養書で追体験）

読書は、時間と空間を超えて、さまざまな分野の教養を身に付けることができます。

私は弁護士になってから、**『ビジネスマンのための21世紀大学』**（鷲田《わしだ》小彌太《こやた》／総合法令出版）を参考に、教養を深めました。

この『ビジネスマンのための21世紀大学』という本では、人間学、社会学、自然学、工学など、学問分野ごとの「読むべき良書」を紹介しています。

私は、紹介されている本をすべて読み（100冊以上、読んだと思います）、その

結果として、「哲学」「歴史」「心理学」の「3つの分野」が経験知として役立つことを実感しています。

「哲学」によって、「究極まで考えることの大切さ」と「正しいことに行き着くための原理原則」を知り、「歴史」によって「教科書には書かれていない歴史の深部」と「物事をさまざまな角度から考えることの大切さ」に触れ、「心理学」によって「人間は自己実現に向かって成長する生きものである」ことを学んだからです。

「論理力」と「直観力」はセットで磨いておくべきです。2つの脳力のバランスが取れると、物事の「表面」だけに騙されず、直観力で瞬時に「本質」を見抜き、論理力で「本質」の正しさを順序立てて確かめられるようになるでしょう。

031

【6つの脳力】

「⑥本番力」は、「本番」で実力を100%発揮する力

✔「本番力」は、「徹底準備」と「シミュレーション」で身に付ける

【6つの脳力】の「⑥本番力」は、実際の本番で、実力を100%発揮する力です。

いくら「模擬試験」でいい点数が取れたとしても、それはあくまで、予行演習です。本番の試験で力を発揮できなければ、合格はできません。

私が通っていた司法試験予備校には「模擬試験の成績はいつも上位なのに、本番の試験になるといつもお腹が痛くなってしまい、なかなか合格できない受験生」がいました。彼は、本番に弱いタイプです。

みっちり勉強をして蓄えた力を「100%に近い状態」で発揮するためにも、「本番力」を鍛えておくことは非常に重要です。

本番力を磨くには、「2つ」の方法があります。

①「徹底準備」

私はたびたび「講演」の仕事を依頼されることがあります。そのときは、レジュメを何度も書き直して構成を固めますし、話し方のコンサルティングを受けて、「人前で話す練習」をすることもあります。

「やることは、すべてやった」と思えるくらい準備をしておけば、思ったより緊張せずに、話をすることができます。

私は生来《せいらい》、「人前で話す」のが、大の苦手です。

大学時代は、初対面の人が数人いるだけで緊張してしまい、頭が真っ白になっていました。「失敗したくない」「自分を良く見せたい」という気持ちが強すぎたのかもしれません。そして、ついには、みんなに内緒で…、

全12回の「あがり症を克服するセミナー」に、毎週、足しげく通いました（汗）。

そんな自分を変えたいと思ったからです。

このように、人前で話すのが、大の苦手だった私が、「講演」の仕事をお引き受けできるようになったのも、「準備を徹底的にやれば、落ちついて話ができる」ということを、経験として身に付けたからです。

東大入試の当日、私は体調を崩して発熱したのですが、熱が出ても動じないくらい「しっかりと準備ができていた」ので、落ちついて、冷静に試験に臨むことができました。

準備が不足していると「うまくできるかどうか不安」になってしまいがちです。不測の事態にも対処できません。「ぶっつけ本番」にならないように、事前の準備は徹底して行いましょう。

②「シミュレーション」

司法試験の模擬試験を翌日に控え、「早く眠らないと…」と思いながらも、なかなか寝付けなかったことがありました。おそらく、緊張していたのでしょう。そこで私は、こう考えました。

「だったら、もう寝るのはやめよう。徹夜して模擬試験を受けてみよう」

もしかしたら、司法試験の本番前夜に、「眠れなくなる」かもしれません。だったら、そうなったときを想定して、あらかじめ「徹夜で試験を受けるとどうなるか？」を体験しておこうと思ったのです。

私は「徹夜明け」で模擬試験を受け、結果的に「徹夜明けでテストを受けても、それほど影響はない」ことがわかりました。

試験当日に、どんな状況になっても対処できるように、あらかじめ「本番を想定したシミュレーション」を経験しておくとよいでしょう。

第4章

「仕事」に本物の勉強法を活かす

032

勉強は、「学生時代」よりも「社会に出てから」のほうが必要になる

学生時代よりも「10倍」必死で勉強した社会人が成功する

小学生のとき（まだ中学受験を決める前だったと思います）、父親が私に、こんなことを言いました。

「大人になってからも、ずっと、勉強なんだよ」

当時の私は、「学校を卒業して、大人になったら、ようやく勉強しなくてよくなる。だから、早く大人になりたい！」と思っていました。ですから、父親の言っている意味がよくわかりませんでした。

でも、いまなら、この言葉が、本当に、身にしみてわかります。

「大人になってからも、ずっと、勉強」なのです。

「仕事の成果を上げたい」

「自己成長したい」
「キャリアアップしたい」
「なりたい自分になりたい」

と思ったら、目標達成に必要な「知識」や「ノウハウ」や「教養」を、縦横無尽に使いこなせるようにならなければいけません。

そのためには、目標達成に必要な「勉強」をすることが必要となってきます。

私の場合なら、裁判で勝つために、あらゆる「判例」を学ぶ必要がありますし、ときには「物理」や「生物」や「化学」の勉強をし直すこともあります。

弁護士事務所を経営するために「経営学」の勉強も必要です。

仮に、医療裁判で「ガンの転移はあったのか、なかったのか」を争う場合であれば、「ガン」に関する知識を身に付けなければなりません。

といっても、医学書は専門的すぎて、いきなりは理解できませんから、「人体」について書かれた入門書を読んだり、中高生のために書かれた「生物」の本を読んで、

「ガン」に関する初歩的な知見を身に付けます。「人体」や「生物」に興味があろうとなかろうと、「仕事」である以上、勉強しなければならないのです。

受験勉強の場合は「自分のため」にする部分が大きいと思いますが、弁護士としての仕事は「依頼者を守るため」です。つまり、

「人のため」に勉強するわけですから、重みが全然違います。

したがって私の場合、「仕事の知識を身に付けるための勉強」は、受験勉強よりも、「10倍くらい必死」になってやっています。

「人のため」と思うからこそ、「社会人になって、ようやく勉強から解放されたと思ったのに……」とか、「勉強は苦手だから、もうやりたくない」などと逃げ腰にならずに、勉強し続けることができるのだと思います。

033

「1万時間の法則」で勉強すると超一流に近づいていく

隙間の時間を利用すれば「週に20時間」は勉強できる

学生時代の勉強も、社会に出てからの勉強も、「コツコツと、知識や経験を積み重ねていく」ことに変わりはありません。

ビジネスマンは受験生と違って、仕事がメインですので、「毎日10時間、勉強する！」というわけにもいきませんから、

「毎日、コツコツ少しずつ、短い時間でもいいから、勉強を継続する」ことが、とくに大切です。

私はいまも、隙間の時間を利用して「コツコツ」と勉強を続けています。

私の事務所は朝10時からなので、朝7時30分～9時30分まで、事務所近くのカフェで勉強をすることもあります（ビジネス書や判例集を読んだり、オーディオブックを聴いたり、仕事の計画を立てたりします）。

仕事が早く終わる日は、「セミナー」や「勉強会」に参加したり、週末も、土曜日

か日曜日のどちらかは、勉強に当てることがあります。鞄の中には、常に「本」が入っていて、移動中の電車の中で読んでいます。もちろん、仕事中も「裁判に勝つために必要な勉強」をする時間も、けっこうあります。

すると、平均して「週に20時間程度」は、勉強に使うことができます。

「仕事が忙しい」は、勉強をしない理由にはなりません。**仕事が忙しいのは「全員」同じです。**

「こういう自分になりたい」というワクワク感、あるいは、「この資格を取らないとキャリアアップができない」という焦燥感を持っていれば、「少しの時間でもいいから、勉強しよう」と思えるのではないでしょうか。

「週20時間、自分を高めるために勉強をするビジネスマン」

と

「『忙しい』を言い訳にして、勉強時間ゼロのビジネスマン」

がいたとすれば、10年後、両者には、とんでもなく大きな差が開いているはずです。

超一流と呼ばれるには「1万時間の努力」が必要

『天才！ 成功する人々の法則』（勝間和代：訳／講談社）の著者、マルコム・グラドウェル氏は、「1万時間の法則」を提唱しています。

成功を収めた起業家やスポーツ選手に共通しているのは、「習熟までのトータル時間」であり、「超一流」と呼ばれるまでには、最低でも「1万時間の積み重ねが必要である」という法則です。

たとえば、「週20時間」勉強に当てることができれば、およそ10年で、1万時間の勉強ができることになります。

いままで勉強をしたことのない分野であっても、「毎週20時間、勉強し続ける」ことができれば、10年後には、あなたも、その分野において「超一流」に近づくことができるのです。

034

仕事の行き詰りは、「やり続けること」でしか突破できない

仕事は「行き詰り」からはじまる

仕事も、勉強も、「コツコツ積み上げる。他人が遊んでいるときも、仕事や勉強に真剣に取り組む」ことでこそ、他人と差をつけることができます。

勉強や仕事に、効率的で王道の方法はあっても、「必殺技や裏技」はありません。愚直に、一歩ずつ積み上げていくしかないのです。

すぐに結果が出るとはかぎりませんし、壁が立ちふさがることも、行き詰ることも、いくらでもあります。それでも、あきらめなかった人が大きな成果を手にするのです。私も、そうです。裁判官時代も、弁護士になってからも、本当に、たくさんの「行き詰り」を経験しています。

裁判官時代は、判決を出すために必死に勉強をして、考えて、考えて、考え抜いて「有罪か、無罪か」「実刑か、執行猶予か」を判断します。

「人の一生を左右する判決」ですから、正しい判決を出す前に、大きな行き詰りを感じたことも、何度もあります。

弁護士になってからは、相手側の主張を打破すべく、毎回、勉強をして、考えて、でも行き詰って、悩んで、悩んで、ようやく「最良の答え」を導き出すわけです。一生懸命勉強しても、一生懸命仕事をしても、そう簡単には「解決策」が見つからないことばかりです。

けれど、ここで投げ出すわけにはいきません。なぜなら、受験勉強と違って、仕事は「他人の人生」にまで踏み込むからです。

受験と仕事は、「悩みの重さと質」がまったく違います。仕事の場合は、他人の人生が関わっているわけですから、「行き詰ったから、辞めます」では、通用しないのです。

私は、「仕事は、行き詰るのが当たり前」だと考えています。とくに弁護士の場合は、それが顕著です。依頼者の多くは、「行き詰って、自分の力では問題を解決できない」

からこそ、弁護士に相談を持ち込むわけです。

ということは、弁護士の仕事は「行き詰りからはじまる」といえるでしょう。

依頼者と一緒に、「行き詰りを突破していく」のが、弁護士の役割です。私はこれまで、さまざまな「行き詰り」を抱えてきました。その結果として、こう断言できます。

「やるべきことを、全力でやり続けていれば、行き詰りは必ず解消する」

途中で投げ出さなければ、必ず事態は好転するのです。

仕事も、勉強も、「真剣に取り組んだ人ほど、行き詰りがある」ものです。けれど行き詰りは、「あと一歩で、突破できる」というサインでもあります。「行き詰っても、必ず突破できる」と信じて、進み続けてほしいと思います。

035

「逆算思考・仕事術」で、未来から逆算して、いまやる仕事を決める

仕事でも「長期戦略」「短期戦略」「1Day戦略」を立てる

受験勉強でも、資格試験の勉強でも、昇進試験の勉強でも、あるいは、一定の成果が求められる仕事でも、基本的な「戦略」は、同じです。

限られた時間の中で、「最終的なゴール（目標）」と、「現在の自分」との差をしっかり見極め、効率的にゴールに近づいていく必要があります。

そして、「目標を達成するまでに、いつ、何をすればいいか」を考えることが「戦略」です。ゴールから逆算して「長期戦略」「短期戦略」「1Day戦略」を決め、段階的に勉強を進めることを意識しましょう。

勉強で培った「逆算して考える習慣」は、社会に出てからも非常に役に立ちます。

たとえば、弁護士の仕事であれば、「裁判で相手に勝つ」ことが目標です。

「勝つ」ためには、どのような証拠をどのように出し、どのように主張し、どのように訴訟を進めていくか、いつまでに裁判を終わらせるか、といった、「判決までの全体的な戦い方」を決めるのが「長期戦略」です。
判決までの間、毎月1回ほど行われる裁判日で、「裁判官に何を伝えるのか？」「どんな証拠を出すのか？」を考えることが「短期戦略」です。「出たトコ勝負」で勝てるほど裁判は甘くありませんから、しっかりと準備をすることが大切になります。

戦略は、「目標↓長期戦略↓短期戦略↓1Ｄａｙ戦略」の順番で立てたほうが、高い成果を上げられます。目標を具体的にイメージして、そこから現在へさかのぼりながら「長期戦略」「短期戦略」「1Ｄａｙ戦略」で目標に到達するための手段、方法、スケジュールを考える。つまり「未来を起点に、いま行うこと」を「逆算思考」で決めるのが、正しい戦略の立て方です。

「未来から逆算して現在を決める」のとは反対に、「現在からの積み上げが未来になる」と考える人がいます。「先のことは考えず、とりあえず、いまできることをする」といった思考です。

ですが、**現在を起点に考えてしまうと、「いま、自分にできる範囲内のこと」しか**

行わなくなってしまうため、自分の本当の全力が出せず、高い成果を上げられる確率が下がってしまいます。

では、ここで「プレゼンテーション」や「講演」などで、「一定の成果が求められる仕事」を例に、「逆算思考・仕事術」での戦略の立て方を考えてみましょう。

「1カ月後にプレゼンテーションがあり、そこで、自分の考えたアイデアを発表することになった」と仮定します。このとき、戦略は、「①目標→②長期戦略→③短期戦略→④1Day戦略」の順番で立てていきます。

①「目標（目的）」を具体的にする

「商品を○個買ってもらう」「アイデアを採用してもらう」「明日から使えるスキルを身に付けてもらう」など、最終的なゴールを明確にします。

②「長期戦略」を立てる

プレゼンテーションの資料や台本をつくるための段取りについて、1カ月後までの間、「いつ、どのようにつくるか」を計画します。

・「基礎づくり」
1週目：パワーポイントなどを使って、プレゼン資料を作成
2週目：プレゼン資料を「2回」練り直し

・「台本づくり」
3週目：プレゼン資料をもとに「どのように伝えたらいいのか」を考え、台本を作成する（「2回」練り直す）。

・「実践（演習）」
4週目：第三者に聞いてもらって意見をもらう（プレゼン資料・台本練り直し）。
私の場合、新しいテーマで講演するときなどは、話し方の先生に見ていただいていますます（講演の実践演習をして、ダメだしやアドバイスをもらう）。

③「短期戦略」を立てる

「長期戦略」が「今日から1ヵ月後」の計画だとすれば、「短期戦略」は、1週間ごとの計画になります。1週間の計画を立てれば、おのずと「1Day戦略」も決まるでしょう。

月～水曜日：参考文献や資料を読み込みながら、プレゼン資料の構成を考える

木～金曜日：ひとまず、プレゼン資料をつくってみる

(土日は予備日とし、予定どおりできなかった場合は、週末を使ってフォロー)

④「1Day戦略」を立てる

本日の予定：まずは参考文献と資料を書店で購入し、通勤時間でザッと目をとおす。

このように、仕事の成果を得るには、まず、「達成したい目標」を明確にすることです。そして、目標から逆算して、「長期戦略」「短期戦略」「1Day戦略」を決めて、実行します。ただし「逆算思考・仕事術」での計画にこだわりすぎないように、柔軟に調整しながら、余裕を持って、進めていくことがコツです。

036

「2週間・仕事一覧リスト」と「1Day仕事ToDoリスト」を併用する

「2週間・仕事一覧リスト」に仕事をすべて書き出す

「目標→長期戦略→短期戦略→1Day戦略」に落とし込む必要のある仕事もあれば、そこまできっちりと落とし込む必要のない仕事というものも、日常では、たくさん発生してくることでしょう。

そのような両方の仕事を同時に管理するために、「2週間・仕事一覧リスト」というものを持ち歩いていて、「毎週土曜日の夕方」に、そのリストを書きつつ、見直して使用していますが、とても重宝して、活用しています。

「2週間・仕事一覧リスト」といっても、大げさなものではありません。メモ用紙に「締め切りが決まっている仕事」「交渉の回答待ちの仕事」「時間の余裕があるときに、できればやっておきたい仕事」などに分類して、案件ごとに書き出しています。締め切りは赤色で書いて、目立たせておきます。

ここには、「目標→長期戦略→短期戦略→1Day戦略」で計画に落とし込んだ仕事の「短期戦略」や「1Day戦略」上のやるべきことも書き込みますし、それ以外の仕事のリストも含めて、「2週間分のやるべきことのリスト」をすべて書き出しておきます。

そして、「土曜日の夕方」にメモに目を通し、新しい仕事を追加したり、変更になった仕事を書き直したり、消化した予定を赤ペンで消していきます。こうすることで、向こう2週間の仕事の流れを把握できるのです。

また、ある程度、「2週間・仕事一覧リスト」に予定を書いたり、消したりしているうちに、メモが複雑になっていくので、そうなったら「新しいメモ用紙」に、すべての予定を書き換えます。

こうすることで、**「まだ着手できていない予定」を再確認できますし、「とりかかりたくない気の重い仕事」に取りかかるキッカケをもらうことができるのも、この「2週間・仕事一覧リスト」のよい点です。**

「2週間・仕事一覧リスト」の書き方

メモ用紙でよい

今週

~~○月○日（火）提出書類のシメキリ~~

○月○日（木）□□□□氏にレポート

○月○日（金）△△△△氏とミーティング

※○○○○関連の本を２冊読む

来週

○月○日（月）◇◇◇◇氏とミーティング

○月○日（水）▽▽▽社にアポイント

○月○日（土）会議資料作成の準備

※□□□□のレポートに目を通す

毎週土曜日の夕方に見直して、修正を加える

終わった仕事は赤ペンで消す

スマートフォンの「カレンダー・アプリ」などを使わず、「手書きのメモ」にしているのは、「一覧性《いちらんせい》」を考慮してのことです。スマホの画面は小さいので、2週間のスケジュールを一目で把握するには、不向きだと感じています。

また、「手を動かすと、頭も動く」ので、「いま、自分が、どのような案件を、どれくらい抱えていて、それぞれがどういう状況なのか」を再確認しやすくなります。

弁護士の場合、長期戦略が「裁判での勝利」だとすれば、短期戦略は「裁判資料の起案・提出」です。裁判資料とは、裁判官に読んでもらうための、さまざまな主張や立証の書面をつくることです。裁判資料には締め切りが設けられていて、裁判期日の数日前〜1週間前には、裁判所や相手弁護士に提出しなければなりません。

したがって、裁判を抱えている場合は、「資料の起案をいつ、どのようにすれば、締め切りに間に合うか」「そのために、今日は何をすべきか」を常に逆算しています。

「土曜日」に「2週間・仕事一覧リスト」を見直すのには、理由があります。私の場合、「日曜日の夜を、週のはじまり」にしているので、土曜日までに「リスト」をつくり直し、日曜日に翌週の仕事を開始するためです。

日曜日の夜から翌週の仕事の準備をしておくことで、月曜日の朝を有効に使うことができます。月曜日の午前中は、休日明けで忙しくなりがちですから、メールの処理や書類の整理を「日曜日の夜」に終わらせておくと、すっきりした気持ちで月曜日を迎えることができるのです。

「1Day仕事ToDoリスト」に、その日やることを全部書き出す

また、「1Day戦略」や「その他の仕事」で、その日中に必ずやらなければならないことに関しては、「1Day仕事ToDoリスト」というものを、つくっています。

締め切りや目標から逆算して「今日、必ずやっておかなければいけないこと」を、すべて書き出しておくのです。

「1Day仕事ToDoリスト」は、「前日の夕方」につくるようにしています。弁護士事務所の事務員さんに、毎日夕方に「翌日の予定」を伝えているので、その機会

を利用して「午前中は○○の裁判。午後13時と午後15時に来客。16時からは○○案件の起案を作成」といった「1Day仕事ToDoリスト」をつくり、事務員さんに報告しています。

リストといっても、フセン紙に「明日、やること」を書き出して、デスクに貼っておく程度ですが、「絶対に忘れてはいけない案件」がある場合は、フセン紙を携帯電話に貼りつけ、はがれないようにテープで止めておくこともあります。

いくつかの仕事を並行して行う場合は、「2週間・仕事一覧リスト」と「1Day仕事ToDoリスト」を併用すると、仕事のモレがなくなり、進捗状況を把握しやすくなります。

私の場合、「2週間分のリストを毎週土曜日の夕方に見直し、毎日、夕方に翌日の仕事を確認」していますが、職種によっては、2週間よりも1週間のほうがいいかもしれませんし、当日の朝に「1Day仕事ToDoリスト」を書き出したほうがいい職種もあるでしょう。ご自身のお仕事に合わせてアレンジしながら「やるべきこと」を管理してみてください。

「1Day仕事 ToDoリスト」の書き方

フセンなどでよい

○月○日（月）

~~10時 ○○○○の裁判~~

13時 □□□□氏とミーティング

15時 △△△△氏とミーティング

16時 ◇◇◇◇の書類を作成

※○○○○の本を買う

※▽▽▽氏と◇◇◇氏へメール

※来週出張のホテルを予約

前日の夜までにつくっておく

終わった仕事は赤ペンで消す

037

「戦略的に休む」ために、土日で24時間分の休息を死守する

疲れていては「仕事の質」自体が落ちてしまう

弁護士への相談の中には、急を要するものがあります。相談者からのメールは、いつ届くかわかりません。夜中に届くこともあります。私は、「24時間営業」のつもりで弁護士の職務に取り組み、寝る時間以外は、すべて仕事のことを考えているときもあります。

ですが、「24時間×365日」仕事のことばかり考えていると、頭が飽和したり、心が疲弊したりして、精神衛生上、好ましくありません。もちろん、仕事の効率も下がってしまいます。

私はもともと心配性なので、「締め切りに間に合わなかったらどうしよう」と、仕事のことが、気がかりでしかたありません。その不安感から、休みも取らずに仕事をしていた時期もありました。

ところが人間の能力は有限ですから、疲れてくれば、当然、「能力」も「脳力」も下がってきます。結果的に「仕事の質」を落としかねません。

そこで私は、「戦略的に休む」ようにしています。「やるべきこと」の予定の中に、「休むこと」自体をタスクとして組み込んでしまうのです。

基本的には「土曜日か、日曜日」をオフにあてますが、土曜日の夕方は「2週間・仕事一覧リスト」を書きつつ見直していますし、日曜日の夜はメールチェックや書類の整理の時間として使っているため、「それ以外の時間」を使って、出掛けたり、録画しておいたドラマを観たり、本を読んだりしています。

丸1日休むことはなかなかできませんから、スケジュールに応じて「土日の48時間のうち、仕事をしない時間を24時間分つくる」といった感じです。

ラ・サール高校の友人たちも、「休む生徒」のほうが成績がいい

私は、学生時代も、「勉強をする時間」と「勉強をしない時間」を設けていました。

もちろん、テスト前などは「休みを取らずに勉強に集中した時期」もありますが、そんなときでも、睡眠時間はできるだけ確保しようと心がけていました。

ラ・サール高校の寮では「0時から5時までは消灯」が決まりでしたから、試験の直前でも、「最低5時間は眠る」と決めていたのです（試験がない時期は、6～7時間の睡眠を確保していました）。

同級生の中には、「消灯後は、懐中電灯をつけて勉強する」という猛者《もさ》もいましたが、不思議と、そういう人ほど成績がよくなかったと思います。ダラダラとしてしまい、勉強のメリハリをつけることができなかったのでしょう。

私がいま、心おきなく仕事に集中できるのも、「平日は24時間営業の感覚で仕事をしよう。そのかわり、土日の48時間の中で、24時間は仕事のことを考えない時間をきっちり持とう」と戦略的に決めているからです。

昼夜問わず仕事をしたからといって、必ずしも大きな成果が出るとはかぎりません。むしろ、休日出勤や残業が心身の働きを鈍くして、仕事の効率を妨げていることもあるのです。

038

「取りかかり時間ゼロ化法」で、やりたくない仕事に取りかかれる

「いちばん大変で重要な仕事」から取りかかるには？

東大受験でも、司法試験でも、私は、「やる気が起きない科目」を重点的に勉強することで、合格を引き寄せました。

弁護士になったいまでも、学生時代に実践していた「取りかかり時間ゼロ化法」を用いて、「面倒な案件」「手間がかかる案件」「むずかしい案件」から率先して処理するように心がけています。

面倒だから…、嫌いだから…といって先送りにすると、たいてい、いい結果が得られません。たとえば、仕事でミスをしたときなどが、まさにそれです。

すみやかに「謝罪」をしていれば、大事には至らなかったはずです。けれど、「怒られたくない」との思いから連絡を先延ばしにした結果、相手の怒りをさらに増幅させてしまうことがあります。

ビジネスコンサルタントのブライアントレーシーは、著書『カエルを食べてしまえ！』（ダイヤモンド社）の中で、いちばん大変で重要な仕事を「カエル」にたとえています。そして、「まず、あなたにとって、いちばん大変で重要な仕事から取りかかりなさい！」と説いています。

私も、同感です。トラブル案件や謝罪案件など、「やりたくないな」と思う仕事ほど、先に取りかかり、先に片付けたほうがいい、と思います。

「やりたくないな」と思っていても、いずれは、やらなければなりません。誰かが代わりにやってくれるわけではありません。「嫌だ、嫌だ」という気持ちをいつまでも引きずるより、早めに片付けてしまったほうが、精神的にも健全ですし、実は、**「取りかかってみると案外スンナリと解決してしまう場合」**も多々あるのです。

✔仕事を「小分け」にして予定に組み込むと、取りかかりやすくなる

人間の心は弱いので、「いつかやろう」と思っていると、なかなかはじめられません。

そこで私は、「2週間・仕事一覧リスト」や「1Day仕事ToDoリスト」に「やりたくないけれど、最優先で取り組まなければいけない案件」を書き込んでおき、あらかじめ予定を押さえるようにしています。「何曜日の、何時に、この仕事と向き合う」と計画に盛り込んでおくのです。そして、その時間がきたら…、気持ちを切り替えて「やる」しかありません！　面倒なことをクリアしたあとの爽快感を思い浮かべながら、勇気を持って、「やってみる」のです。

面倒な仕事は、段階ごとに分割して、複数の小さな仕事に分け、「ちょっとだけ取りかかってみる」というのも、優れたテクニックです。裁判所に提出する資料の「起案」が面倒なのであれば、1日ですべて片付けるのではなく、「今日、ちょっと30分だけ取りかかろう」と区切ると、取りかかりやすくなります。

やらなければならないことがわかっていながら、「その苦しさから逃れたい」と一時しのぎをしたところで、何も解決しません。「面倒だけれど、影響力の大きい重要な仕事」から、「ちょっとでもいいので取りかかること」が、大きな成果を生むコツなのです。

039

社会人のための仕事に活かせる厳選「12カテゴリーの教養本リスト」

✔「12カテゴリーの教養本」で、あなたの仕事力をアップ

さて、それでは、私が社会人になってから、仕事に、人生に、とても役に立つ教養本を「12カテゴリー」に分けて、ご紹介いたします。

各カテゴリーごとの良書であり、すべて読むことで、いままで、まったく知らなかったカテゴリーの教養が身に付きますので、可能でしたら、ここで紹介するすべての本を、読んでみられることを、おすすめいたします。

【文学】

❶『カラマーゾフの兄弟』上・中・下（ドストエフスキー・原卓也訳／新潮文庫）
↓私が購入した本の帯に「金原ひとみさん（作家）推薦！ 上巻読むのに4カ月。一気に3日で中下巻！」とのキャッチコピーがある。まさに、そのとおりのおもしろすぎる本です。

【数学】

●『数学を使わない数学の講義』（小室直樹／ワック出版）

↓数学的思考・論理的発想を「数式などを使わずに」学べる。数学に苦手意識がある方にも、おすすめ。

【日本史】

●『日本史から見た日本人』古代編／鎌倉編／昭和編（渡部昇一／祥伝社）

↓「学校で学んだ知識が絶対ではないこと」を学べる。とくに歴史は、さまざまな角度から学ぶことが大切だと思う。

【世界史】

●『文明の生態史観』（梅棹忠夫／中公文庫）

↓「西洋と東洋」という枠組みや西欧をモデルとした歴史観に反論した本。世界史の「学び方」が学べる。

【宗教】

●『新約聖書を知っていますか』・『旧約聖書を知っていますか』・『コーランを知っていますか』（阿刀田高／新潮文庫）

↓知っているようで知らない「聖書」や「コーラン」を、わかりやすく、おもしろく学べる入門書。

【哲学】

●『はじめての現象学』（竹田青嗣／海鳥社）

↓私が学生時代に読んで、「そんな考え方があるのか！」と衝撃を受けた1冊。哲学の歴史が学べて、「考え方」のヒントが得られる。

【倫理】

●『もういちど読む山川倫理』（小寺聡 編／山川出版社）

↓古今東西の哲学や日本思想のエッセンスが詰った1冊。アリストテレス、孔子、ニーチェ、本居宣長など、多くの哲学者、思想家の思索が簡明に解説されている。

【思想】

●『福沢諭吉　学問のすすめ―ビギナーズ日本の思想』（福沢諭吉・佐藤きむ 訳・坂井達朗 解説／角川学芸出版）

↓「学問のすすめ」の翻訳文。「なぜ学ぶのか」を学ぶための必読書。

【科学】

●『鏡の中の物理学』（朝永振一郎／講談社学術文庫）

↓1965年にノーベル物理学賞を受賞した朝永博士による物理学（量子力学）の超入門書。常識を疑ってみるきっかけにもなる1冊。

【生物】

●『生物の世界ほか』（今西錦司／中央公論新社）

↓あらゆる学問が関連していることに気づかされる1冊。特定の分野に固執せず、ありのままの「自然」全体を学ぶ大切さがわかる。

【法学】

●『法窓夜話』（穂積陳重／岩波書店）

↓現行民法の起草に関わった法学博士による法律小ネタ集。古今東西の法律雑学が100話収録されている。

【心理学】

●『改訂新版　人間性の心理学』（A・H・マズロー／小口忠彦 訳／産業能率大学出版部）

↓私が「学ぶ目的」を学んだ本。この本で定義されている好ましい社会―健康で自己を実現する人間となるべき最大の可能性を与える社会―を目指すことが学ぶ目的のひとつです。

おわりに

「お月さまに行ったウサギ」という民話をご存知ですか？


サルと、キツネと、ウサギが、神さまのところへ出向いて、

「今度生まれてくるときは、人間にしてください」

とお願いします。


すると神さまは、条件を出します。

「人間に生まれたいのなら、自分の食べものを人間にごちそうすることだ」

サルは、栗や柿を取ってきました。

キツネは、魚を捕まえてきました。

けれどウサギだけ、食べものを見つけることができません。冬のこの時期、ウサギが好む「やわらかい草」は、枯れているからです。

困ったウサギは、枯れ木を拾い集めます。そして、サルとキツネに火を起こさせ、「ぼくを人間に食べさせておくれ」と言って、火の中に飛び込んだのです。

サルも、キツネも、人間になりました。自分の食べ物をごちそうしたからです。では、ウサギはどうなったでしょう？　神さまは、ウサギを讃えました。「自分を捨ててまで、人間に食べさせようとしたウサギはすばらしい。いつまでも幸せにしてあげよう」

神さまに抱きかかえられ、ウサギは空高くのぼっていきました。そして、ウサギはお月さまの中で楽しく暮らすようになったのです。

この民話からは、「自己犠牲の尊さ」や、「貢献すること」の大切さがうかがえます。

たしかに、貢献欲求は、人を行動に駆り立てる「もっとも強い動機」になります。「働く」の語源は「傍（はた）を楽にする」に由来しているという説がありますが（あくまでも一説であり、別の説もあるようです）、たしかに「自分のためではなく、自分の『傍（身近な人）』を楽にするために働く」という考え方は、純粋で、美しいと思います。

でも人は、はじめから、この「ウサギ」のようになれるわけではありません。サルやキツネのように考えるのが、普通ではないでしょうか。私も、そうでした。

弁護士の使命は、「基本的人権の擁護と、社会正義の実現」です。けれど、司法試験に合格する前の私に、そこまでの貢献欲求が備わっていたわけではありません。当時は、それ以上の強い欲求がありました。

「自己満足」の欲求です。

「ラ・サール高校に合格したら、すごい！」
「東大に合格したら、すごい！！」
「大学在学中に司法試験に合格したら、すごい！！！」

学生時代の私にとって「すごい自分に酔いたい！」という「自己満足」のほうが、

ずっとずっと強かったのです。そして、自己満足の欲求を満たすために、私は勉強に励んだわけです。

「社会貢献」という高い目標の手前には、必ず「自己満足的な動機」があります。ですから、自分勝手な動機（自己満足）を「ゼロ」にする必要はありません。人間は（とくに若いうちは）、最初から、社会貢献のためだけでは、強烈なエネルギーがわいてこない存在だからです。

はじめは、「自己満足的な動機」でもかまいません。自分のために勉強を続けていきましょう。3年、5年、10年と勉強を続けた先に、少しずつ「社会貢献的な動機」が見えてくると思います。

弁護士になって10年が経った頃、私も少しは「ウサギの気持ち」がわかるようになってきました。仕事や勉強に対する動機が「自己満足」から「社会貢献」へ変化しているのです。

私はいま「人の役に立てたとき」に、大きな喜びを感じます。ひとつの事件が解決して、依頼者が安堵の表情を浮かべたとき、何ものにも代えがたい達成感を覚えます。依頼者のためにベストを尽くすことが、結果的に回り回って「お互いのため」につながっていることがわかったからです。

私が現在、弁護士として「人の役に立つ」活動ができているのは、小学校のころから続けてきた勉強が活かされているからです。**他人を助けることができる技術と、教養と、スキルを、「勉強によって身に付けさせていただいたから」です。**

1975年生まれの、私の世代は、「偏差値教育の問題」が問われた世代です。「偏差値という単一の基準で人を括るため、個性が無視される」「創造性や想像性が失われ、画一的な人間ができあがる」といった批判がなされました。

私はかつて、「自分こそが、偏差値教育の中で育った人間だ」とコンプレックスを感じていて、自分自身を否定的に見ていたこともあります。

でも、いまは違います。「勉強をしてきて、本当によかった」と実感しています。なぜなら、愚直に、少しずつ、長い時間をかけて「本物の勉強法」を身に付けてきたからこそ、「人の役に立てる弁護士」の職業として、独り立ちできるようになったからです。

小学校の最後の1年間、中学3年間、高校3年間、大学4年間…、もちろん勉強をしなかった日もありますから、合計約「10年」を勉強に費やし、私は司法試験に合格しました。そして、弁護士になってからも勉強を続け、「10年」かけて、「弁護士としての自分の立ち位置」を理解するに至りました。

「NPO法人　日本融合医療研究会」の副理事長を務め、「通常医療と補完代替医療の融合」に関わらせていただくようになったのも、「社会貢献」の必要性を強く意識するようになったからです。

これからの「10年」も、私はこれまで以上に、勉強を続けていくことでしょう。依頼人を守るためにも、社会貢献に注力するためにも、その土台となる知識と、教養と、スキルを、いま以上に高めていく必要があるからです。

一定の技術や能力を身に付けるには、地道に努力するしかありません。ですが、地道に努力していても、必ず、途中で行き詰ることが起こってきます。

ですが、「行き詰り」を感じたときこそ、まさに「飛躍のチャンス」です。

「行き詰り」を感じたら、

「よし！　やっと行き詰ったぞ。ということは、いま、8合目か、9合目だ。これさえ乗り越えれば、大きく成長できるぞ！　ゴールはすぐ目の前にあるぞ！」

と考え、勉強や仕事を続けてほしいと思います。

やり続けて「行き詰り」を乗り越えた、その先にこそ、あなたの理想の未来が…、多くの人々に貢献できる、幸せに満ちた未来が、待っていると信じています。

本書『本物の勉強法』が、みなさんの人生を変える1冊になれば、幸いです。

最後になりましたが……、長きにわたり私を支えてくれた原・白川法律事務所の原哲男弁護士、本書の制作にあたり数々のアドバイスをいただきました『バカでも年収1000万円』（ダイヤモンド社）の著者である伊藤喜之氏、編集協力をしていただきましたクロロスの藤吉豊氏・斎藤充氏には、大変、感謝しております。

そして、本書の編集を担当していただきましたダイヤモンド社の飯沼一洋氏には、大変お世話になりました。記して感謝いたします。

2014年6月

弁護士　白《しら》川《かわ》敬《たか》裕《ひろ》

【著者プロフィール】

弁護士

白川敬裕（しらかわ・たかひろ）

弁護士（東京弁護士会所属）、原・白川法律事務所パートナー
東京大学法学部卒、ラ・サール高校卒。
1975年、福岡県北九州市生まれ。大学４年在学中に司法試験に合格。24歳で裁判官に任官。民事訴訟、医療訴訟、行政訴訟、刑事訴訟等の合議事件に関わる。民事保全、民事執行、令状等も担当。2003年、弁護士に転身。著書に『ビジネスの法律を学べ!!』『憲法がヤバい』（共に、ディスカヴァー・トゥエンティワン）、「ビジネス法務」（中央経済社）にて「民法改正KEYWORD」を連載中。共著に『会社の健康リスク対策は万全か』（フィスメック）がある。NPO法人 日本融合医療研究会副理事長。

【お問い合わせ先】：原・白川法律事務所
パートナー　白川敬裕
http://www.shirakawa-web.com

本物の勉強法

2014年6月26日　第1刷発行

著　者——白川敬裕
発行所——ダイヤモンド社
〒150-8409　東京都渋谷区神宮前6-12-17
http://www.diamond.co.jp/
電話／03·5778·7227(編集)　03·5778·7240(販売)

装丁————重原 隆
編集協力——藤吉 豊(クロロス)
本文デザイン·DTP—斎藤 充(クロロス)
製作進行——ダイヤモンド・グラフィック社
印刷————勇進印刷(本文)・加藤文明社(カバー)
製本————ブックアート
編集担当——飯沼一洋

ISBN 978-4-478-02447-8